deutsch üben

Anneli Billina

Lesen
&
Schreiben

A2

Hueber Verlag

| 6. | 5. | 4. | | | Die letzten Ziffern |
| 2020 | 19 | 18 | 17 | 16 | bezeichnen Zahl und Jahr des Druckes. |

Alle Drucke dieser Auflage können, da unverändert,
nebeneinander benutzt werden.
1. Auflage
© 2012 Hueber Verlag GmbH & Co. KG, 85737 Ismaning, Deutschland
Umschlaggestaltung: creative partners gmbh, München
Umschlagfotos von links: © iStockphoto/track5; © iStockphoto/Rich Legg;
© iStockphoto/STEVECOLEccs
Zeichnungen: Irmtraud Guhe, München
Layout: appel media, Oberding
Satz: Sieveking · Agentur für Kommunikation, München und Berlin
Druck und Bindung: Friedrich Pustet GmbH & Co. KG, Regensburg
Printed in Germany
ISBN 978–3–19–537493–4

Art. 530_10253_001_04

Inhalt

Vorwort

Liebe Lernerinnen, liebe Lerner,

deutsch üben **Lesen & Schreiben A2** ist ein Übungsheft für Anfänger mit geringen Vorkenntnissen (Niveaustufe A1 abgeschlossen) zum selbstständigen Üben und Wiederholen.
Es eignet sich zur Vorbereitung auf die Einreise nach Deutschland bzw. zur Aufrechterhaltung und Vertiefung vorhandener Sprachkenntnisse.
Mit **Lesen & Schreiben A2** können Sie Kurspausen überbrücken oder sich auf die Prüfungen der Niveaustufe A2 des Gemeinsamen Europäischen Referenzrahmens (z. B. *Start Deutsch 2*) vorbereiten.

deutsch üben **Lesen & Schreiben A2** orientiert sich an den gängigen A2-Lehrwerken (z. B. *Schritte*) und trainiert die Fertigkeiten Lesen und Schreiben auf dem Niveau A2. Die abwechslungsreichen Leseverständnis- und Schreibübungen behandeln alle für die Bewältigung des Alltags wichtigen Themen und den entsprechenden Wortschatz.

Die authentisch gestalteten Texte behandeln viele wichtige Textsorten, die Ihnen in Alltag und Beruf begegnen. Abwechslungsreiche Übungen trainieren Ihr Leseverstehen und geben Ihnen mehr Sicherheit im schriftlichen Ausdruck.
Dazu erhalten Sie Tipps zum Leseverstehen und Schreiben und zu Lernstrategien.

Zu allen Übungen finden Sie im Anhang einen ausführlichen, übersichtlichen Lösungsschlüssel.

Viel Spaß und Erfolg!

Autorin und Verlag

A. Ich und du

A1 Brieffreunde gesucht!

Veronika bekommt gerne Briefe aus aller Welt. Deshalb hängt sie im Goethe-Institut eine Anzeige ans Schwarze Brett.

Brieffreund oder Brieffreundin gesucht!

Hallo!
Mein Name ist Veronika Ziegler.
Ich bin 19 Jahre alt und lebe in München. Ich lebe allein – nein, das stimmt eigentlich nicht! Mein Hund Oskar wohnt mit mir in einem kleinen Apartment. Wir reisen gern und lieben das Meer.
Ich bin Fremdsprachenkorrespondentin und arbeite bei einer großen internationalen Firma.
Außerdem jogge ich gern, spiele Volleyball und lerne gerade Klavier spielen.

Möchtest du dein Deutsch üben? Dann schreib mir – ich freue mich sehr über Briefe aus aller Welt! ☺

Viele Grüße und bis bald!
Veronika

1 a) Schreiben Sie einen Steckbrief über Veronika!
Vorsicht: Sie spricht nicht über alle Punkte!

Name:	_Veronika Ziegler_
Alter:	_____
Wohnort:	_____
Nationalität:	_____
Familienstand:	_____
Beruf:	_____
Hobbys:	_____
	_____
Haustiere:	_____

1 b) Veronika hat zwei Antwortbriefe bekommen.
Lesen Sie die Steckbriefe und schreiben Sie die Briefe fertig.

Name:	Luigi Perselli
Herkunft:	Italien
Wohnort:	Lecce
Alter:	21 Jahre
Familienstand:	ledig
Beruf:	Student (Philosophie)
Hobbys:	Klavier spielen, Surfen, Lesen
Haustiere:	zwei Katzen

Name:	Renée Chabon
Herkunft:	Frankreich
Wohnort:	Paris
Alter:	26 Jahre
Familienstand:	verheiratet, keine Kinder
Beruf:	Lehrerin (Deutsch, Sport)
Hobbys:	Motorrad fahren, Schwimmen, Jazzmusik
Haustiere:	ein Papagei

Liebe Veronika,

ich habe deine Anzeige im Goethe-Institut gelesen. Ich möchte dir gerne

schreiben und mein Deutsch üben.

Mein Name *ist* _____ _____. Ich komme aus

_____ und ich wohne ____ _____. Ich _____

21 _____ alt. Natürlich bin _____ noch _____. An der

Universität in Lecce _____ ich Philosophie. Meine

Hobbys _____ Klavier _____, _____ und

_____. Ich _____ sogar zwei Haustiere, zwei _____.

Sie _____ Minka und Minouch. Ich freue mich auf deine Antwort!

Viele Grüße

Luigi

Liebe Veronika,

gerne möchte ich dir Briefe schreiben! Das ist eine gute Übung für mein

Deutsch!

Ich _____ Renée Chabon und komme _____

_____. Seit drei Jahren lebe ich in _____.

Ich bin 26 _____ _____. Ich bin verheiratet, aber ich habe noch

_____ _____. Ich bin _____ für Deutsch und

Sport. Ich liebe _____, _____

gern und höre gern _____. Und ich habe ein

ungewöhnliches _____: einen Papagei! Er heißt Coco.

Ich _____ mich _____ deine Antwort!

_____ _____

Renée

Lerntipp:

Vielleicht finden Sie auch Brieffreunde in Deutschland, Österreich oder der Schweiz? Oder einen Tandempartner: Sie schreiben auf Deutsch, Ihr Partner / Ihre Partnerin in Ihrer Sprache, und Sie korrigieren sich gegenseitig!

1 c) Was schreiben Sie auf den Briefumschlag? Benutzen Sie die Wörter aus dem Schüttelkasten.

r Vorname • r Absender • e Postleitzahl • ~~e Anrede~~ • e Adresse • e Hausnummer •
s Land • r Familienname • e Straße • e Stadt

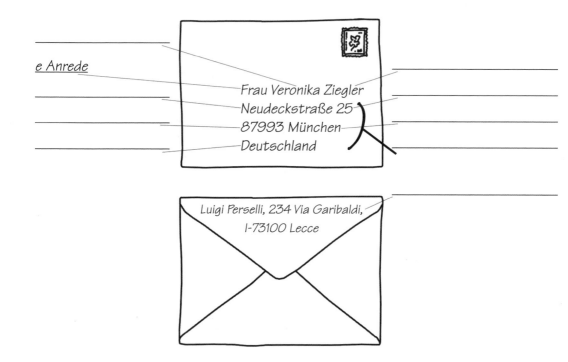

e Anrede

Frau Veronika Ziegler
Neudeckstraße 25
87993 München
Deutschland

Luigi Perselli, 234 Via Garibaldi,
I-73100 Lecce

! Lerntipp zum Wörterlernen:
Bitte lernen Sie das Nomen _immer_
zusammen mit dem Artikel!

A2 Mama, Papa – und so weiter!

2 a) Anna und Tim sind Veronikas Eltern. Bitte schreiben Sie den Familienstamm-baum fertig. Was sagt Anna? *„Das ist mein/e ..."*

e Großmutter • r Cousin (r Vetter) • r Onkel • e Cousine (e Kusine) •
e Schwägerin (2x) • e Tante • r Schwiegervater • r Bruder • r Enkelsohn • r Großvater •
e Schwester • r Schwager • e Schwiegermutter • e Nichte • r Neffe •
e Tochter • r Sohn • e Schwiegertochter • e Enkeltochter

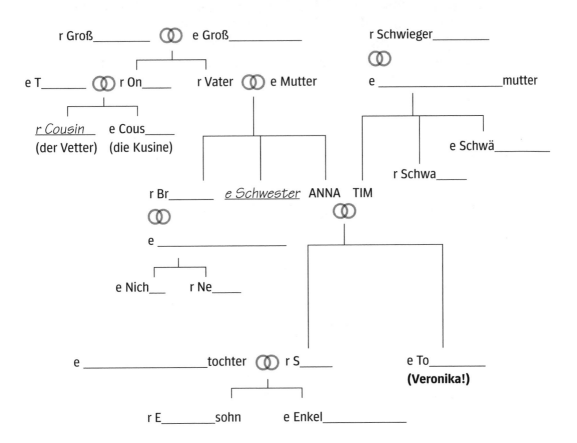

2 b) Veronika schreibt einen Brief an Renée und erzählt darin von ihrer Familie.
Wo klingt der Brief nicht gut? Bitte unterstreichen Sie die Wiederholungen
wie im Beispiel.

Liebe Renée,

vielen Dank für deinen Brief. Du hast ja wirklich eine große Familie!
Heute erzähle ich dir ein bisschen über meine Familie:
Mein Vater heißt Tim. Mein Vater ist 58 Jahre alt und der Beruf von
meinem Vater ist Arzt. Wir, also mein Bruder Wolfgang und ich, haben
immer viel mit meinem Vater gemacht: Ski fahren, segeln, reiten – mein
Vater hat meinem Bruder und mir viele tolle Sachen gezeigt!
Wolfgang ist viel älter als ich. Wolfgang ist 29 und schon verheiratet.
Wolfgangs Frau Ella und Wolfgang haben Zwillinge! Die Zwillinge sind noch
klein, erst 10 Monate alt. Die Namen von den Zwillingen sind Markus und
Mareike. Mein Bruder und seine Frau haben viel Arbeit, aber auch viel
Spaß mit den Zwillingen.
Wolfgang arbeitet in einer Bank, und Wolfgangs Frau ist Kindergärt-
nerin – aber im Moment hat meine Schwägerin ihren eigenen kleinen
Kindergarten ... ☺ Ich mag meine Schwägerin und mache gern etwas
mit meiner Schwägerin, wenn meine Schwägerin Zeit hat!
Meine Mutter heißt Anna und der Beruf von meiner Mutter ist Apothekerin. Als mein Bruder und ich klein waren, hat meine Mutter nur
halbtags gearbeitet und hatte immer Zeit für meinen Bruder und mich.
Jetzt arbeitet meine Mutter mehr, denn der Beruf von meiner Mutter
macht meiner Mutter Spaß.
Natürlich habe ich noch Tanten und Onkel, Cousins und Cousinen –
aber wenn ich dir jetzt auch noch von Tanten und Onkeln, Cousins
und Cousinen erzähle, wird das ein bisschen viel.
Vielleicht lernst du meine Familie ja eines Tages kennen. Es wäre toll,
wenn du mich und meine Familie einmal besuchen könntest.
Ich freue mich auf deinen nächsten Brief!

Herzliche Grüße
Veronika

---

2 c) **Bitte schreiben Sie den Brief noch einmal.**

Benutzen Sie Pronomen oder Possessivartikel wie im Beispiel.

Die Wörter im Schüttelkasten helfen Ihnen.

Beispiel: Mein Vater heißt Tim. <u>Mein Vater</u> ist 58 Jahre alt und <u>der Beruf von meinem</u>
<u>Vater</u> ist Arzt.

besser: *Mein Vater heißt Tim.* ***Er*** *ist 58 Jahre alt und* ***sein Beruf*** *ist Arzt.*

er • Er • ~~Er~~ • er • ihr Beruf • Sie • mit ihnen • Ihre Namen • sie • mit ihr • sie • ihr Beruf •
sie • ~~sein Beruf~~ • Seine Frau • seine Frau • sie • uns • für uns • mit ihm • ihr • ihnen • uns

_____

_____

_____

_____

_____

_____

_____

_____

_____

_____

_____

_____

_____

_____

_____

_____

_____

Lerntipp:

Vermeiden Sie beim Schreiben von Texten Wiederholungen. Versuchen Sie auch, die Sätze nicht immer mit einem Subjekt zu beginnen.

A3 Verliebt, verlobt, verheiratet!

3 a) Lesen Sie die folgenden Texte und ordnen Sie zu.

ledig · verliebt · verlobt · verheiratet · ~~geschieden~~ · getrennt · verwitwet

Karla, 46 Jahre alt: „Mein Mann und ich waren eigentlich schon lange nicht mehr glücklich miteinander. Aber als unsere Kinder groß waren und ausgezogen sind und wir plötzlich in unserem Haus alleine waren, da hatten wir nur noch Streit. Jetzt ist mein Mann wieder verheiratet, und ich glaube, es geht ihm gut. Ich bin auch zufrieden mit meinem Leben – ich tue momentan nur das, was ich will!"

Karla ist *geschieden*.

Max, 31 Jahre alt: „Als ich sie auf dieser Party gesehen habe, ist etwas passiert mit mir. Wir haben den ganzen Abend getanzt, gelacht und geredet, und in der Nacht habe ich nur von ihr geträumt. Ich habe keinen Appetit, kann mich nicht konzentrieren und schaue alle zehn Minuten auf mein Handy, ob sie nicht doch angerufen hat ..."

Max ist _____.

Jens, 27 Jahre alt: „Ich gehe gern und oft aus, habe viele Freunde und Freundinnen, aber die Richtige habe ich noch nicht getroffen! Manchmal denke ich schon, dass es schön wäre, zu zweit zu leben, aber ich bin ja noch jung. Und ich genieße meine Freiheit auch!"

Jens ist _____.

Martha, 23 Jahre alt: „Meine Freunde finden es ein bisschen altmodisch, aber ich bin einfach nur glücklich. Fritz und ich wollen nächsten Mai heiraten. Vor einem Monat haben wir unsere Eheringe ausgesucht, und wir tragen sie nun an der linken Hand. Wenn wir dann heiraten, stecken wir uns die Ringe an die rechte Hand. Das ist eine alte Tradition."

Martha ist _____.

Irmi, 57 Jahre alt: „Wir hatten eine glückliche Ehe und waren fast 30 Jahre lang verheiratet. Zuerst dachte ich, ich will ohne meinen Mann nicht mehr leben, aber die Kinder haben mir sehr geholfen. Ich habe dann wieder in meinem alten Beruf angefangen und habe dadurch viele neue Freunde gefunden. Es ist ein ganz anderes Leben, aber inzwischen lebe ich wieder gerne und mein Mann fehlt mir nicht mehr so furchtbar."

Irmi ist _____.

Christian, 49 Jahre alt: „Manchmal kann ich es gar nicht glauben, dass schon 10 Jahre vergangen sind! Früher konnte ich mir eine Ehe überhaupt nicht vorstellen. Ich dachte immer, bei so vielen schönen Frauen auf der Welt kann man sich doch nicht nur für eine entscheiden! Ja, und dann kam sie, meine Traumfrau... Und bis heute war mir noch keinen Tag langweilig!"

Christian ist _____.

Lotte, 19 Jahre alt: „Sebastian und ich haben uns in der Schule kennengelernt und waren die letzten zwei Jahre ein Paar. Das war eine tolle Zeit, aber jetzt hat er einen Studienplatz in Jena bekommen, und ich mache gerade ein Praktikum in Augsburg. Wir denken, dass jeder lernen und seinen Weg gehen muss, auch wenn wir dann im Moment nicht zusammen sein können. Wer weiß, was die Zukunft bringt?"

Lotte und ihr Freund wohnen _____.

3 b) Max hat die ganze Nacht nicht geschlafen. Er wollte einen Liebesbrief schreiben, aber alles ist durcheinander. Bitte schreiben Sie die Teile in der richtigen Reihenfolge.

1. ... die Welt um uns herum vergessen. Dein fröhliches Lachen, Deine strahlenden Augen und ...

2. ... möchte ich von Dir wissen! Schenk mir doch ein bisschen Zeit, ...

3. Geliebte Dorothee, seit der Party letztes Wochenende ...

4. ... mehr essen und zähle nur die Stunden, bis wir uns wiedersehen.
    Ich hoffe so sehr, dass auch Du ...

5. ... vielleicht bald Deine liebe Stimme höre, habe ich Schmetterlinge im Bauch. Ich warte auf dich! ...

6. ... damit wir uns besser kennenlernen können. Bitte ruf mich an! Ich habe Dir meine Handynummer gegeben, ...

7. ... muss ich immer an Dich denken. Es war ein so wunderbarer Abend mit Dir! Beim Tanzen mit Dir habe ich ...

8. ... gern an mich denkst. So viele Dinge gibt es, die ich Dir erzählen möchte, und so vieles ...

9. ... Dein schrecklich verliebter Max

10. ... Deine warme Stimme haben mich ganz gefangen. Ich kann mich nicht mehr auf meine Arbeit konzentrieren, kann nichts ...

11. ... aber vielleicht hast Du sie verloren. Hier ist sie noch einmal: 0161/5679241. Wenn ich daran denke, dass ich ...

Die richtige Reihenfolge:

3.								

3 c) Wie sieht Ihr Traummann / Ihre Traumfrau aus? Vielleicht so wie auf den Bildern? Bitte ordnen Sie die Beschreibungen den Bildern zu.

a)

Beschreibung _1_ :

b)

Beschreibung __:

c)

Beschreibung __:

d)

Beschreibung __:

e)
Beschreibung __:

f)
Beschreibung __:

Beschreibung 1: ♀
Haare: schwarz, gelockt, lang
Augen: groß, braun
Lippen: voll
Gesicht: oval
Figur/Größe: schlank, groß

Beschreibung 2: ♂
Haare: kurz, dunkel
Augen: groß, blau, mit Brille
Lippen: schmal
Gesicht: oval
Figur/Größe: sportlich, mittelgroß

Beschreibung 3: ♀
Haare: blond, gelockt, kurz
Augen: groß, grün, mit Brille
Lippen: voll
Gesicht: rund
Figur/Größe: rundlich, klein

Beschreibung 4: ♂
Haare: halblang, gelockt, blond
Augen: klein, hellblau
Lippen: schmal
Gesicht: eckig
Figur/Größe: schlank, groß

Beschreibung 5: ♀
Haare: glatt, halblang, rot
Augen: klein, grün
Lippen: schmal
Gesicht: länglich
Figur/Größe: schmal, groß

Beschreibung 6: ♂
Haare: glatt, kurz, Halbglatze
Augen: groß, dunkel
Lippen: voll
Gesicht: rund
Figur/Größe: dick, klein

3 d) Sie möchten „ihn" oder „sie" kennenlernen? Ergänzen Sie die Kontaktanzeigen mit den Wörtern aus den Schüttelkästen!

---

1. Er _sucht_ sie! Du bist 1,70 m _____ , schlank und hast lange braune _____

   und grüne _____ . Du _____ gern und liebst klassische _____ .

   Möchtest du mit mir Konzerte _____ und über Literatur

   _____ ? Ich _____ 50 Jahre alt, sportlich und ein _____ Typ

   mit schwarzen Haaren und _____ Augen. Ich _____ mich auf einen

   Brief von dir!

   > braunen • Musik • ~~sucht~~ • freue • besuchen • groß • sprechen • Haare •
   > liest • bin • Augen • dunkler

---

2. Hübsche, _____ und fröhliche 30-Jährige sucht Lebenspartner! Ich

   mache _____ Sport, liebe Bergsteigen und _____ und möchte mit

   einem netten Mann _____ und das Leben _____ . Du

   _____ Kinder und Tiere, bist _____ und schlank, _____ Sport und

   das Leben? _____ mich an!

   > Ruf • schlanke • groß • Wandern • genießen • liebst • gern • lachen • magst

---

3. Du bist _____ 40 und 60 Jahre alt, klein und _____ und isst gern?

   Du magst keine _____ ? Dann _____ du gut zu mir!

   Ich _____ für dich und wir sitzen am Abend _____ auf dem

   Sofa. Ich _____ deine Traumfrau sein!

   > Fitnessstudios • dick • gemütlich • zwischen • möchte • passt • koche

---

4. Ich _____ Bernd und bin 23 _____ alt. Ich bin Fan vom FC Bayern

   München, _____ am liebsten am Computer und chatte gern mit

   _____ im Internet. Wenn ____ zwischen 18 _____ 23 Jahre ____

   bist, mit mir ins Stadion gehen oder _____ online _____ möchtest,

   dann _____ mir eine Mail an bazi@online.de.

   > Freunden • heiße • schreib • spiele • alt • Jahre • mich • du • treffen • und

---

A4 Familienfeste

4 a) Geburt und Hochzeit sind große familiäre Ereignisse.
Welche Sätze passen jeweils zu der Anzeige? Kreuzen Sie an.
(Vorsicht, es können auch beide Sätze passen oder keiner!)

1. **Nun sind wir eine richtige Familie!**
   Benjamin Ottokar, 2. Mai 2011,
   4010 g, 52 cm
   Die glücklichen Eltern Renate und Kai

   ☒ Renate und Kai haben einen
   Sohn bekommen.
   ☒ Benjamin ist ihr erstes Kind.

2. **Die Vermählung**
   ihrer Kinder Jens und Stefanie
   geben bekannt:
   Professor Doktor Walter
   Steinhauser und Gemahlin
   Ministerialrätin Henriette Müllenhauer
   Trauung am 4. Juni um 15 Uhr in der
   Lutherkirche, Rothenburg

   ☐ Jens und Stephanie heiraten
   am 4. Juni.
   ☐ Professor Steinhauser und
   Ministerialrätin Müllenhauer
   wollen heiraten.

3. *Wir haben uns am 15. Februar in der*
   Marienkirche das Ja-Wort gegeben!
   Ernst Müller-Thurgau und Charlotte
   Müller-Thurgau, geborene Riesling

   ☐ Ernst und Charlotte haben ein
   Baby bekommen.
   ☐ Ernst und Charlotte haben
   geheiratet.

4. Am 1. April hat **Marilena** das Licht
   der Welt erblickt! Unser Glück ist
   3950 g schwer und 51 cm lang.
   Beate und Bernd

   ☐ Beate und Bernd sind glücklich
   über die Geburt ihrer Tochter
   Marilena.
   ☐ Marilena hat am ersten April
   Geburtstag.

5. *Ich habe ein Schwesterchen bekommen!*
   Sie ist zwar ein bisschen klein
   (3800 g, 46 cm), aber das kann ja
   noch werden. Ich glaube, Mami und
   Papi freuen sich auch sehr über
   Vanessa!   *Linus*

   ☐ Linus freut sich nicht, weil seine
   Schwester zu klein ist.
   ☐ Das Baby heißt Linus.

6. Unsere Eltern **Linda Meißner** und
   Philipp Pfister haben sich getraut!
   Wir sind sehr stolz auf sie!
   30. April, 14 Uhr,
   Standesamt Wittenberg
   Hans, Gabi und Anna Meißner /
   Florian und Albert Pfister

   ☐ Linda und Philipp waren schon
   einmal verheiratet.
   ☐ Die Familien Meißner und Pfister
   sind nicht einverstanden mit der
   Hochzeit von Linda und Philipp.

4 b) Stefanie hat geheiratet. Lesen Sie, was sie ihrer Freundin in den USA schreibt. Schreiben Sie die Wörter aus dem Schüttelkasten in die Lücken.

Liebe Inge,

nun ist alles vorüber ... Wie schade, dass du nicht dabei sein konntest! Freitagabend war bei Jens' Eltern der _Polterabend_. Wir haben eine ganze Menge altes _____ zerschlagen, also muss unsere _____ doch glücklich werden!

Samstagvormittag war die _____ auf dem _____.

Ich war furchtbar aufgeregt! Unsere Freunde Gitta und Hans waren die _____. Meine Hände waren so feucht, dass Jens mir den _____ ganz leicht anstecken konnte ...

Dann hat es im Gasthof Eber einen kleinen _____ gegeben, und dann mussten wir uns schon umziehen für die Kirche.

Ich war sooo schön! Mein _____ war ganz weiß mit kleinen rosa Blüten ... Mein lieber Bruder hat natürlich gesagt, ich sehe aus wie eine Praline. Der Idiot!

In der _____ hat mich mein Vater zum _____ geführt. Frag mich nicht, was der _____ gesagt hat, irgendwie war ich wie im Traum.

Vor der Kirche haben wir noch ein _____ mit allen gemacht, das schicke ich dir mit! Als ich den _____ über meine Schulter geworfen habe, hat meine kleine Schwester ihn gefangen! Und sie ist doch erst vierzehn!

Zuerst wollte ich ja immer ein großes Fest, mit riesiger _____ und so, aber dann war ich eigentlich sehr froh, dass wir gleich auf unsere _____ gegangen sind. Dann gab es nur noch Jens und mich, und erst ganz langsam haben wir verstanden, dass wir jetzt ein _____ sind!

Nun sitzen wir in einem kleinen Appartement auf Elba und sind glücklich und zufrieden. Ich schicke dir 1000 Grüße und Küsse!

Deine Stefanie

Trauzeugen · Ehe · Kirche · Trauung · ~~Polterabend~~ · Ring · Hochzeitstorte ·
Standesamt · Geschirr · Brautstrauß · Altar · Sektempfang · Hochzeitsreise ·
Hochzeitskleid · Pfarrer · Hochzeitsfoto · Ehepaar

4 c) Schreiben Sie eine Glückwunschkarte! Ordnen Sie die Satzteile in der passenden Reihenfolge.

1.

und der Kleinen wünsche ich ein zufriedenes und glückliches Leben. • Liebe Beate, lieber Bernd, • Mit herzlichen Grüßen • zur Geburt eurer Tochter Marilena • Tante Gerda • Ich wünsche euch viel Freude mit ihr • gratuliere ich euch von Herzen!

2.

wünschen wir euch alles erdenklich Gute, • Eure Familie Wagner • für euren gemeinsamen Lebensweg • Bleibt so verliebt wie Ihr heute seid! • viel Glück und Segen. • Liebe Stefanie, lieber Jens,

3.

auch noch für die nächsten 50 Jahre • Geliebter Opa, • Herzliche Geburtstags- grüße • und wünschen dir • alles Liebe, Frohsinn und Gesundheit! • wir gratulieren dir ganz herzlich zu deinem Geburtstag

_____

_____

_____

_____

_____

_____

_____

_____

4.

Bleibt gesund und behaltet immer euren Humor! • Liebes Jubelpaar, • Euer Hans (der euch bewundert für 50 Jahre glückliche Ehe!) • zu eurer Goldenen Hochzeit • Eure weiteren gemeinsamen Lebensjahre • gratuliere ich euch ganz herzlich! • sollen Euch viel Freude bringen.

_____

_____

_____

_____

_____

_____

_____

_____

B. Zu Hause

B1 Das Traumhaus

1 a) Suchen und markieren Sie Wörter, die zum Bereich Haus und Möbel gehören!
Sie sollten 11 Wörter senkrecht (↓) und 11 Wörter waagrecht (→) finden.

S	C	H	R	E	I	B	T	I	S	C	H	F	W	T	A
E	I	V	W	M	D	H	O	F	A	K	N	A	S	R	B
L	V	E	I	F	L	A	R	S	C	A	E	R	A	E	L
M	O	E	B	L	I	E	R	T	K	U	E	B	R	I	A
S	R	D	E	U	F	Q	E	P	G	T	P	H	R	C	M
C	H	H	T	R	I	U	G	X	B	I	B	Z	D	V	N
H	A	T	T	U	K	B	A	L	K	O	N	Y	U	Q	K
W	N	U	E	N	R	A	L	A	U	N	G	R	T	S	O
I	G	E	R	N	A	D	M	T	E	I	P	K	G	H	M
M	B	I	O	S	O	F	A	R	C	V	K	F	E	I	L
M	I	E	T	E	P	P	I	C	H	E	E	I	I	E	A
B	L	E	S	S	Z	I	M	M	E	R	R	E	L	N	N
A	S	H	C	S	E	P	E	N	A	M	N	X	Q	V	R
D	A	C	H	E	K	T	Z	V	X	I	A	I	H	W	Z
N	K	O	R	L	A	M	P	E	Z	E	R	D	M	Q	U
U	L	K	A	E	M	Y	U	G	W	T	R	E	P	P	E
T	Z	L	N	V	W	H	A	U	K	E	E	B	Q	M	P
X	Z	O	K	E	L	L	E	R	U	R	N	R	H	E	L

senkrecht:

S _chwimmbad_

V_____

B_____

S_____

F_____

S_____

B___

R_____

K_____

K_____

V_____

waagrecht:

S _chreibtisch_

m_____

B_____

S_____

M_____

T_____

E_____

D_____

L_____

T_____

K_____

1 b) Wie stellen sich diese Bewohner eines Mietshauses ihr Traumhaus oder ihre Traumwohnung vor? Lesen Sie die Interviews und beantworten Sie die Fragen.

1. *Heide, 32 Jahre alt:*

„Mein Traumhaus hat einen großen Garten für die Kinder, mit hohen alten Bäumen und vielen Blumen. Das Wohnzimmer ist groß und hell und hat einen schönen Holzboden. Auch ein Kamin ist darin, für gemütliche Winterabende! Die Küche muss richtig groß sein und genug Platz für einen Esstisch haben. Im ersten Stock gibt es dann für jedes Kind ein großes Zimmer. Und die Zimmer sollten alle einen Balkon haben. Oben, unter dem Dach, möchte ich das Schlafzimmer für meinen Mann und mich, mit einem eigenen Bad. Das wäre schön!"

a) Was ist Heide wichtig für die Kinder?

Ein großer Garten (mit hohen alten Bäumen und vielen Blumen)

b) Was möchte Heide für sich und ihren Mann?

_____

c) Welche Zimmer im Haus sollen groß sein?

_____

2. *Peter, 55 Jahre alt:*

„Für mein Traumhaus ist die Lage am wichtigsten. Ich möchte am liebsten an einem See oder am Meer leben und aufs Wasser schauen können! Das Haus selbst muss nicht so groß sein, ich lebe ja allein und hätte damit nur viel Arbeit. Im Erdgeschoss ist eine gemütliche Küche mit Esstisch und ein kleines Wohnzimmer mit einem großen Lesesessel und einem Schlafsofa, wenn ich mal Besuch bekomme. Im ersten Stock dann ein Arbeitszimmer, natürlich mit Blick aufs Wasser, und mein Schlafzimmer.

Darin müssen nur ein großes Bett und ein Schrank Platz haben. Wichtig ist auch, dass das Bad ein großes Fenster hat. Ich liebe es, von der Badewanne aus nach draußen schauen zu können!"

a) Was ist für Peter am wichtigsten?

_____

b) Warum möchte er im Wohnzimmer ein Schlafsofa?

_____

c) Warum möchte er im Bad ein großes Fenster?

_____

3. *Maren, 29 Jahre alt:*

„Ich möchte kein Haus, das ist zu viel Arbeit. Aber eine schicke Wohnung im Stadtzentrum, das wäre schön! Am besten mit Dachterrasse, mit Blick über die ganze Stadt! Das Wohnzimmer sollte nur schwarz und weiß eingerichtet sein, klare Linien, moderne Formen – das gefällt mir. Die Küche sollte aus weißem Marmor sein, und das Bad schwarz mit silbernen Wasserhähnen. Im Schlafzimmer möchte ich dünne, weiße Vorhänge und ein großes rundes Bett in der Mitte."

a) Warum möchte Maren kein Haus?

_____

b) Wo soll ihre Wohnung liegen?

_____

c) Was gefällt Maren?

_____

4. *Albert, 72 Jahre alt:*

„Für mich wäre ein Bungalow ideal. Ich habe ein bisschen Probleme mit meinen Knien, also gehe ich nicht gern Treppen. Ein schönes Schlafzimmer mit hellen Holzmöbeln gefällt mir. Das Wohnzimmer ist nicht zu groß, aber hat ein Sofa für drei Personen und zwei bequeme Sessel. Essen möchte ich in einem richtigen Esszimmer, nicht in der Küche. Meine Frau arbeitet gern im Garten, also hat mein Traumbungalow auch noch einen kleinen Garten mit Gemüse und Obst. Und vor dem Haus steht eine kleine Bank. Da sitzen wir dann in der Abendsonne und unterhalten uns mit den Nachbarn!"

a) Warum wäre für Albert ein Bungalow ideal?

_____

b) Wie möchte er das Schlafzimmer einrichten?

_____

c) Wo möchte Albert am Abend mit seiner Frau sitzen?

_____

B2 Auf Wohnungssuche

2 a) Was bedeuten die Abkürzungen? Schreiben Sie die Anzeigen neu in ganzen Sätzen ohne abgekürzte Wörter. Die Wörter in alphabetischer Reihenfolge helfen Ihnen.

Altbau · Apartment · ausgebautes Dachgeschoss · Bad · Balkon · Baujahr ·
befristeter Mietvertrag · Dachterrasse · Doppelhaushälfte · Einbauküche · Garage ·
Gartenanteil · Gas-Heizung · inklusive · Kaution · Mansarde · möbliert · Nachmieter ·
Nebenkosten · Netto-Kaltmiete · Neubau · Nichtraucher · provisionsfrei ·
Quadratmeter · Reihenmittelhaus · renoviert · Rückgebäude · ruhige Lage ·
sofort · Wohnfläche · Wohnung · zentral · Zentralheizung · Zimmer

1. 3-Zi-Whg., 75 m², EBK, Bd., Blk,
    Gge., ruh. Lg., 750 € zzgl. NK,
    Kt. 2,3 MM

    3-Zimmer-Wohnung, _____
    _____
    _____

2. 1-Zi-App., 25 m², möbl., Mans.,
    Ölh., sof., NR, 380 € inkl.

    _____
    _____
    _____

3. NM gesucht! DHH, Wohnfl. 150 m²,
    Gartenant., Gge., Gas-Hzg., zentr.,
    befr. MV, WM 1150 €, prov.fr.

    _____
    _____
    _____

4. 4-Zi, Kü, Bd., 120 m², AB,
    Bj. 1890, ren., RG, DT, Öl-ZH,
    1700 € KM zzgl. 250 € NK

    _____
    _____
    _____

5. RMH, NB, ausgeb. DG, 120 m²
    W-Fl., dir. v. Verm. ab Sept.,
    1450 € KM

    _____
    _____
    _____

2 b) Ordnen Sie die Wörter den richtigen Erklärungen zu.

1. Altbau

2. ausgebautes Dachgeschoss

3. befristeter Mietvertrag

4. Doppelhaushälfte

5. Einbauküche

6. inklusive

7. Kaution

8. Mansarde

9. möbliert

10. Nachmieter

11. Nebenkosten

12. provisionsfrei

13. Reihenmittelhaus

14. Rückgebäude

a) Ein großes Haus, das in der Mitte geteilt ist. Zwei Familien können darin wohnen.

b) In dem Mietpreis sind alle Kosten schon mitgerechnet, oft auch die Heizung, aber nicht der Strom.

c) Eine Geldsumme, die man dem Vermieter bezahlt, aber wieder zurückbekommt, wenn man auszieht – wenn nichts in der Wohnung kaputt gegangen ist!

d) Man kann die Wohnung mit allen Möbeln darin mieten.

e) Das Haus ist alt, die Wohnungen sind meist groß und die Räume hoch.

f) Das sind Kosten für Wasser, Müll, Versicherungen und öffentliche Gebühren.

g) Man kann das Haus / die Wohnung nur für eine bestimmte Zeit mieten.

h) Das Haus steht zwischen zwei anderen Häusern, Wand an Wand. Meist sind Reihenhäuser schmal und klein.

i) Das Haus liegt nicht an der Straße. Der Eingang ist vom Hof aus, hinter einem anderen Haus.

j) Man kann auch ganz oben unter dem Dach wohnen.

k) Es gibt alles in der Küche: Schränke, Spüle, Herd, manchmal auch Kühlschrank und Geschirrspülmaschine.

l) Eine Wohnung unter dem Dach, die Wände sind nicht gerade.

m) Die Wohnung wird nicht von einem teuren Immobilien-Büro vermietet, sondern direkt vom Vermieter (Eigentümer).

n) Der Mieter möchte ausziehen und sucht gleich einen neuen Mieter für seine Wohnung.

2 c) Jens und Stefanie waren gestern mit etwa 20 anderen Interessenten bei einer Hausbesichtigung. Stefanie schreibt eine E-Mail an den Vermieter, weil sie das Haus sehr gerne haben möchten. Bitte ergänzen Sie die Lücken mit den Wörtern aus dem Schüttelkasten.

interessiert · halbtags · ~~Besichtigungstermin~~ · reparieren · Garten · Nachbarn · bekomme · berufstätig · Vermieter · Mieter · Einkommen · Gartenarbeit · kennenlernen · Antwort · Bauzeichner · Geburt · Informationen · Haustier

Sehr geehrter Herr Senkir,

mein Mann und ich waren gestern auf dem _Besichtigungstermin_. Damit Sie uns

ein bisschen besser _____ können, schreiben wir Ihnen

diesen Brief, denn wir sind sehr _____an dem Haus.

Wir haben vor drei Monaten geheiratet und nun _____ ich ein Baby.

Deshalb suchen wir ein Haus mit einem _____! Außerdem liebe ich

_____. Mein Mann hat auch praktisches Talent und kann

gut kleinere Sachen am Haus selbst _____.

Momentan sind wir beide noch _____. Mein Mann arbeitet

seit etwa zehn Jahren als _____ in einem großen Architektur-

büro und hat ein gutes regelmäßiges _____. Ich bin Bibliothekarin

und möchte nach der _____ unseres Kindes ein Jahr Pause machen. Später

möchte ich wieder _____arbeiten.

Wir haben bisher kein _____, hätten aber später gern eine Katze.

Wichtig ist uns ein guter Kontakt zu den _____. Gerne können sie

sich bei unserem aktuellen _____ über uns informieren. Ich gebe

Ihnen seine Adresse und Telefonnummer.

Wir wären wirklich glücklich, wenn wir die neuen _____ Ihres hübschen

Hauses sein dürften!

Für weitere _____ stehen wir natürlich gern zu Ihrer

Verfügung.

Wir hoffen auf eine positive _____ und verbleiben mit freundlichen

Grüßen

Stefanie und Jens Steinhauser

B3 Der Mietvertrag

3 a) Jens und Stefanie freuen sich: Sie haben das Haus bekommen und können einziehen. Doch zuerst müssen sie den Mietvertrag unterschreiben. Lesen Sie das Formular und kreuzen Sie die richtigen Erklärungen an. Es können auch beide Erklärungen richtig sein!

Wohnungs-Mietvertrag *(Teil 1)*

1. Der (Die) Vermieter   *Fam. Senkir*
   wohnhaft in   _____
                                          _____

2. und der (die) Mieter   _____
                                          _____
                                          _____
                                          _____

schließen folgenden Mietvertrag:

§ 1 Mieträume

Im Haus _____
(Ort, Straße, Haus-Nr., Etage)

3. werden folgende Räume vermietet:
   __ Zimmer, __ Küche/Kochnische, __ Bad/Dusche/WC,
   __ Bodenräume/Speicher, __ Kellerräume,
   __ Garage/Stellplatz, __ Garten

4. Dem Mieter werden vom Vermieter für die Mietzeit ausgehändigt:
   __ Haus-, __ Wohnungs-, __ Zimmer-; __ Boden-/Speicher-, __ Garagen-Schlüssel.

5. Die Wohnfläche beträgt _____ qm.

§ 2 Mietzeit

6. Das Mietverhältnis beginnt am: _____, es läuft auf
   unbestimmte Zeit.

§ 3 Miete

Die Miete beträgt monatlich: _____ Euro.

in Worten: _____ Euro.

---

7. Die Vertragsparteien vereinbaren, dass die Miete für den Zeitraum von __ Jahren nicht erhöht wird. Zusätzlich zur Miete bezahlt der Mieter für Heizung und Warmwasser eine Vorauszahlung in Höhe von _____ Euro monatlich, für Wasserversorgung, Entwässerung, Müllabfuhr _____ (weitere Betriebskosten werden hier eingetragen) eine Vorauszahlung in Höhe von _____ Euro monatlich.

8. Über die Vorauszahlungen wird jährlich abgerechnet. Der Gesamtbetrag der Miete in Höhe von monatlich _____ Euro ist auf das Konto des Vermieters zu zahlen.
   Kontoinhaber: _____
   Kontonummer: _____
   BZL: _____
   Bank: _____

1. ☒ Hier schreibt der Vermieter seinen Namen und seine Adresse rein.
   ☐ Hier schreibt der Vermieter die Adresse des Hauses rein, das er vermieten möchte.

2. ☐ Hier schreibt der Mieter seinen Namen und seine alte Adresse rein.
   ☐ Hier schreibt der Mieter seinen Namen und seine neue Adresse rein.

3. ☐ Hier schreibt man alle Räume rein, die es in dem Haus gibt.
   ☐ Hier schreibt der Vermieter die Räume rein, die er vermieten möchte.

4. ☐ Der Vermieter zählt die Schlüssel und möchte am Ende der Mietzeit alle wieder zurück bekommen.
   ☐ Der Vermieter gibt dem Mieter für jeden Raum 3 Schlüssel.

5. ☐ Die Quadratmeter beschreiben, wie groß Haus und Garten sind.
   ☐ Die Quadratmeter beschreiben, wie groß die Räume sind, in denen man wohnen kann.

6. ☐ Hier kann der Mieter schreiben, wann er einziehen möchte, denn der Vermieter hat das Datum nicht genau bestimmt.
   ☐ Der Vermieter sagt, wann der Mieter einziehen darf, aber es gibt kein Ende der Mietzeit.

7. ☐ Hier schreibt der Vermieter, wie lange er die Miete nicht höher macht.
   ☐ Hier sieht der Mieter, wie hoch die Nebenkosten sind.

8. ☐ Der Mieter muss für die Nebenkosten jeden Monat dieselbe Summe zahlen, aber am Ende des Jahres kommt die genaue Endrechnung.
   ☐ Der Mieter muss nur die Miete auf das Konto vom Vermieter bezahlen.

Wohnungs-Mietvertrag *(Teil 2)*

9. **§ 4 Nutzung der Mieträume, Untervermietung**

Der Mieter kann jederzeit Ehegatten, Lebenspartner oder Familienangehörige in die Wohnung aufnehmen, wenn diese dadurch nicht überbelegt wird.
Der Mieter darf die Wohnung nur mit Erlaubnis des Vermieters untervermieten.

10. **§ 5 Tierhaltung**

Der Mieter darf in der Wohnung nach Absprache mit dem Vermieter Haustiere halten, sofern dies nach Anzahl und Größe der Tiere allgemein üblichen Vorstellungen entspricht.

11. **§ 6 Gartennutzung**

Der Mieter darf den zum Haus gehörenden Garten nutzen.
Die Pflege des Gartens übernimmt der   ☒ Mieter   ☐ Vermieter

12. **§ 7 Kündigung**

Der Mieter kann den Vertrag jederzeit unter Einhaltung der Kündigungsfrist von 3 Monaten kündigen.
Die Kündigungsfrist verlängert sich für den Vermieter nach 5 Jahren auf 6 Monate.
Der Mieter ist berechtigt, den Vertrag vorzeitig zu kündigen, wenn er einen Nachmieter nachweist.

13. **§ 8 Sonstige Vereinbarungen:**

_____

_____

_____, den _____

_____   _____
(Vermieter)   (Mieter)

---

9. ☒ Der Mieter kann mit Familienmitgliedern in der Wohnung leben, wenn sie nicht zu voll wird.
    ☐ Der Mieter darf von anderen Leuten in seiner Wohnung Geld nehmen und muss es dem Vermieter nicht sagen.

10. ☐ Der Mieter darf alle Tiere in seiner Wohnung haben, die er möchte.
    ☐ Der Mieter muss den Vermieter um Erlaubnis fragen, wenn er Haustiere halten möchte.

11. ☐ Der Mieter darf im Garten sitzen, aber sonst nichts dort machen.
    ☐ Hier schreibt man, wer die Blumen pflegen und den Rasen schneiden soll.

12. ☐ Wenn der Mieter ausziehen möchte, muss er das dem Vermieter sagen
       und noch 3 Monate weiter die Miete bezahlen. Er kann dem Vermieter
       aber auch einen neuen Mieter bringen, der alles übernimmt.
    ☐ Der Vermieter muss den Mieter noch 3 Monate im Haus lassen, auch
       wenn er ihn nicht mehr als Mieter möchte, nach 5 Jahren Mietzeit ist
       es sogar ein halbes Jahr.

13. ☐ Hier können Mieter und Vermieter noch weitere Dinge besprechen und
       aufschreiben.
    ☐ Hier müssen Mieter und Vermieter noch weitere Dinge besprechen und
       aufschreiben.

3 b) Füllen Sie bitte das Formular aus. Hier sind die Informationen über das Haus.

Die Vermieter sind Familie Senkir, sie wohnen im Tulpenweg 7 in 86150 Augsburg.

Die Mieter heißen Jens und Stefanie Steinhauser. Sie leben in der Rosenstraße 3 in

86773 Penzberg.

Das Haus ist in der Vogelstraße 14, 80334 München. Es hat vier Zimmer, eine Küche,

zwei Bäder, ein WC, zwei Kellerräume und einen Speicher. Es hat keine Garage, aber

einen kleinen Garten. Das Haus hat insgesamt 120 Quadratmeter. Am ersten September

2011 möchten die Steinhausers einziehen. Es soll 1250 Euro Kaltmiete kosten und

3 Jahre soll dieser Mietpreis gleich bleiben.

Die Vorauszahlungen sollen für Heizung und Warmwasser 180 Euro betragen, für

den Rest 70 Euro. Stefanie möchte sich selbst um den Garten kümmern.

Die Steinhausers bekommen vom Vermieter drei Schlüssel für das Haus.

Die Steinhausers möchten sicher sein, dass ihnen der Vermieter in ein paar Jahren

erlaubt, eine Katze zu halten, und sie möchten im Garten eine Schaukel aufstellen.

B4 Chaos in der WG

4 a) Veronika, Peter und Barbara sind eine Wohngemeinschaft. Die Küchenwand ist ihre Pinnwand für wichtige Mitteilungen. Bringen Sie die Zettel in Ordnung.

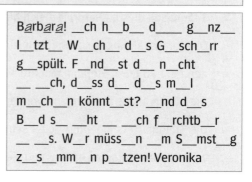

halloihrlieben!jetztistes15uhr,binkurzbeimeink
aufen.späterkocheichfüruns,wirkönnendannum
19Uhressen.Barbara,könntestdubittenochdasg
eschirrabwaschen?danke!bisspäter,peter

Hallo, ihr Lieben!

_____

_____

_____

_____

_____

_____

---

gutenmorgen!ichmussteheuteschonganzfrühindieuni.warmerkaffeestehtnochauf
demherd.wirsehenunsheuteabend.schönentag,ihrbeiden!veronika

Guten Morgen! _____

_____

_____

_____

_____

Ihr Diebe! ___er ___at ___chon ___ieder
___einen ___ieblingsjoghurt ___egessen?
___enn ___ch ___eute ___bend ___ach
___ause ___omme, ___öchte ___ch im
___ühlschrank ___indestens ___rei
___echer ___ananenjoghurt ___inden!!!
___ure ___ungrige ___arbara

Barbara! ___ch h___b___ d____ g___nz___
l___tzt___ W___ch___ d___s G___sch___rr
g___spült. F___nd___st d___ n___cht
___ ___ch, d___ss d___ d___s m___l
m___ch___n könnt___st? ___nd d___s
B___d s___ ___ht ___ ___ch f___rchtb___r
___ ___s. W___r müss___n ___m S___mst___g
z___s___mm___n p___tzen! Veronika

Veronika! Lorenz hat *angerufen* (ge-fen-an-ru), er ist da! Er bleibt bis zum _____
_____ (chen-de-Wo-en) in München. Du sollst ihn _____
_____ (ru-rück-fen-zu). Seine _____ (num-le-fon-Te-mer) ist
089/7605983. Er möchte dich zum Spargelessen _____ (la-ein-den) ...
☺ Barbara

Hi, Peter! Deine Mutter hat schon _dreimal_ (drmeial) versucht dich zu
_____(erericehn). Ich soll dir _____ (asrtichuen),
deine Wäsche ist fertig _____ (geaeswchn) und
_____ (gegübelt), du kannst sie _____ (alhoben).
(So eine Mutter hätte ich auch gern, du Faultier!) Veronika

4 b) Was steht in den Mitteilungen? Füllen Sie die Lücken in den Beschreibungen.

Es ist 15 Uhr und Peter ist _kurz beim Einkaufen_. Später möchte er _____
_____. Sie können dann um _____. Peter möchte,
dass _____.

Veronika muss heute schon _____. Sie hat
Kaffee gekocht, er ist noch _____
_____. Sie sehen sich _____. Sie wünscht den beiden
_____.

Barbara ärgert sich, weil jemand _____
_____. Wenn sie heute Abend nach Hause kommt, möchte
sie _____ mindestens_____
_____. Sie ist _____.

Veronika ärgert sich, weil _____
_____. Sie
findet, dass _____
_____. Sie sagt, dass _____
_____. Sie möchte, dass _____
_____.

Veronikas Freund Lorenz hat angerufen und gesagt, dass _____ und
bis _____.
Veronika soll _____. Seine_____
ist 089/7605983. Er möchte sie _____ einladen.

Peters Mutter _____
_____. Veronika soll _____, dass
_____
_____ und er _____.

4 c) Im Treppenhaus gibt es ein Schwarzes Brett mit Mitteilungen für alle Haus-bewohner. In der Einladung sind einzelne Wörter vertauscht worden. Die markierten Wörter sind falsch. Schreiben Sie das richtige Wort an den Rand.

Liebe *Fahrräder*,   *Hausbewohner*

am Sonntag, den 30. August, feiern wir in unserem *Keller*   _____

ab 17 Uhr ein Sommerfest. Alle *Musikinstrumente*   _____

sind herzlich dazu eingeladen. Bitte stellen Sie Ihre

Hausbewohner auf die Straße, damit wir genug   *Fahrräder*

Sommerabend haben.   _____

Würstchen und Bierbänke stellt der Hausmeister auf.   _____

Vielleicht helfen ihm ein paar Jugendliche, sie aus dem

Hinterhof zu tragen? Auch ein Grill ist vorhanden, wenn   _____

Sie *Biertische* oder Fleisch grillen möchten.   _____

Grüße bringt bitte jeder selbst mit.   _____

Willkommen sind auch Leute, die *Nachbarn*   _____

spielen können!

Hoffen wir auf einen warmen *Platz*!   _____

Viele *Getränke*   _____

Ihre Familie Grober

4 d) Was sagen die folgenden Mitteilungen? Kreuzen Sie die passenden Sätze an.

1. *Der Kaminkehrer/Schornsteinfeger kontrolliert vom Keller bis zum Dach den freien Abzug der Heizung (Holz, Öl oder Gas).*

> Sehr geehrte Hausbewohner,
> am Dienstag, den 7.10.2011, kommt morgens um 7.30 Uhr der Kaminkehrer/Schornsteinfeger in unser Haus. Er muss für seine Kontrollgänge Zugang zu allen Wohnungen haben. Auch sollten vor der Tür zum Heizungskeller keine Kinderwägen oder Umzugskartons stehen.
> Vielen Dank für Ihre Mithilfe
> Die Hausverwaltung

☐ Die Hausbewohner dürfen dem Kaminkehrer/Schornsteinfeger nicht die Tür öffnen.
☐ Der Kaminkehrer/Schornsteinfeger muss in den Heizungskeller gehen.

2. *Hier wird der Müll getrennt: Papier, Glas, Bio-Müll und Restmüll.*

> Liebe Hausgemeinschaft,
> bitte achten Sie auf ordentliche Mülltrennung! In letzter Zeit habe ich häufiger Flaschen in unserer Papiertonne gefunden. ☹
> Wenn ich es einmal nicht bemerke, bekommen wir Ärger mit der Müllabfuhr!
> Vielen Dank für Ihre Kooperation.
> Hausmeister Wasmer

☐ Die Hausbewohner sollen in der Papiertonne aufräumen.
☐ Der Hausmeister hat im Papiermüll Glas gefunden. Das erlaubt die Müllabfuhr nicht.

3. *An den Heizungen sieht man, wie viel Öl oder Gas die Mieter verbraucht haben. Das kontrolliert ein Fachmann einmal im Jahr.*

> Jahresablesung Heizungen
>
> Termin: 20.11.2011
> Uhrzeit: 7 Uhr – 8 Uhr
>
> Wichtig: Wenn Sie nicht da sind, sollten Ihre Nachbarn Ihren
>   Wohnungsschlüssel haben!

☐ Der Fachmann für die Jahresablesung kommt am 20.11. zwischen 7 Uhr und 8 Uhr.
☐ Wenn ich nicht da bin, hänge ich einen Zettel an die Wohnungstür, dass mein Nachbar den Schlüssel hat.

B5 Keine Angst vor Formularen!

5 a) Jens und Stefanie sind umgezogen. Jetzt fehlt nur noch die Anmeldung bei der Meldebehörde. Ordnen Sie die folgenden Wörter oder Satzteile den Erklärungen zu!

1. Tag des Einzugs
2. Bisherige Wohnung
3. PLZ
4. Nebenwohnung
5. Ausland
6. Geburtsname
7. Rufname
8. Familienstand
9. Staatsangehörigkeit
10. Geburtsort
11. Ort der Eheschließung
12. männl. (männlich)
13. weibl. (weiblich)
14. Lebenspartnerschaft
15. Ausstellungsbehörde
16. Personalausweis
17. gültig bis
18. meldepflichtig

a) Postleitzahl, die Zahl vor der Stadt in der Adresse
b) Wenn ich in Deutschland bin, sind das alle anderen Länder der Welt.
c) Wie nennen mich die Eltern, Geschwister und Freunde?
d) Ledig, verheiratet, geschieden oder verwitwet.
e) Wann bin ich in mein neues Haus eingezogen?
f) Wo bin ich geboren?
g) Wo habe ich geheiratet?
h) Das ist ein Mann.
i) Ein Paar lebt zusammen, ist aber nicht verheiratet.
j) Wo ist das Dokument gemacht worden?
k) Die Adresse von meiner alten Wohnung, in der ich bis jetzt gelebt habe
l) Der Familienname der Frau vor der Heirat.
m) Eine andere Wohnung in Deutschland, in der ich nur manchmal lebe.
n) Nationalität
o) Wann muss ich das Dokument wieder erneuern?
p) Jeder Erwachsene muss sich anmelden.
q) Das ist eine Frau.
s) Dokument, das die Identität einer Person zeigt.

5 b) Wie müssen Jens und Stefanie das Formular ausfüllen?
Hier finden Sie alle wichtigen Informationen über die beiden:

Jens Maximilian Steinhauser und Stefanie Sieglinde Steinhauser, geborene Müllenhauer, haben bis jetzt in der Rosenstraße 3 in 86773 Penzberg gelebt. Ihr neues Haus ist in der Vogelstraße 14, 80334 München.
Sie sind am 1. September 2011 eingezogen. Am 20. September wurde ihre Tochter geboren. Sie heißt Elisabeth. Jens ist evangelisch, Stefanie und Elisabeth sind römisch-katholisch. Jens ist am 2.1.1977 in Hamburg geboren, Stefanie am 5.7.1979 in Heidelberg. Geheiratet haben die beiden am 4. Juni 2011 in Rothenburg.
Jens Personalausweis wurde am 3.12.2008 auf dem Gemeindeamt in Penzberg ausgestellt und ist bis Dezember 2018 gültig, der Personalausweis von Stefanie am 9.9.2007 in der Meldebehörde in Heidelberg, noch bis September 2017 gültig.

Anmeldung

Tag des Einzugs:	*01.09.2011*
Neue Wohnung:	
Bisherige Wohnung*:	
PLZ:	
Nebenwohnung:	

* Bei Zuzug aus dem Ausland, letzte Anschrift in Deutschland.

Die Anmeldung bezieht sich auf folgende Personen:

	Familienname (Ehename) (ggf. auch abweichende Geburtsnamen)	Vorname(n) (Rufname unterstreichen)	Geburtsdatum (Tag – Monat – Jahr)	Geschlecht
1				
2				
3				

	Geburtsort	Familienstand (seit: Tag – Monat – Jahr)	Ort der Eheschließung / Begründung der Lebenspartnerschaft
1			
2			
3			

	Staatsangehörigkeit(en)	Religion
1		
2		
3		

Personalausweis / Pass:

	Art	Ausstellungsbehörde	Ausstellungsdatum (Tag – Monat – Jahr)	Gültig bis (Tag – Monat – Jahr)
1				
2				

Ort, Datum

Unterschrift der/des Meldepflichtigen

_____   _____

C. Kochen oder Essen gehen?

C1 Party im neuen Haus

1 a) Jens und Stefanie möchten Freunde einladen.
Stefanie hat einen Einkaufszettel geschrieben und Jens ist zum Einkaufen
gegangen. Vergleichen Sie den Einkaufszettel mit den Einkäufen, die
auf dem Küchentisch stehen.
Was hat Jens vergessen?
Was hat er falsch eingekauft?
Hat er auch noch etwas
anderes mitgebracht?

3 Flaschen Rotwein	600 g Käse, 3 Sorten, jeweils am Stück
5 Flaschen Weißwein	1 kg Weintrauben
1 Kiste Bier	1 Kopf Salat
1 Kiste Mineralwasser	2 kg Tomaten
5 Liter Orangensaft	2 Gurken
6 Baguettes	1 Schachtel Eier
10 Brezen	1 Packung Servietten
500 g Schinken, geschnitten	

Es fehlen:

5 Flaschen Weißwein

_____

_____

_____

_____

_____

_____

Jens hat falsch gekauft:

5 Flaschen Sekt

_____

_____

_____

_____

_____

_____

Jens hat zu viel gekauft: _1 Tüte Paprikachips,_ _____

_____

1 b) Was passt nicht in die Reihe? Bitte streichen Sie das Wort.

1. ein Brot / eine Pizza / ~~ein Steak~~   backen
2. den Tee / den Salat / die Trauben   waschen
3. die Tomaten / die Pfanne / den Käse   schneiden
4. die Nüsse / die Zwiebeln / die Nudeln   hacken
5. einen Fisch / eine Orange / ein Ei   schälen
6. ein Kotelett / ein Fischfilet / eine Karotte   braten
7. den Teller / das Gesicht / die Pfanne   spülen
8. Salz / Essig / Pfeffer   streuen
9. das Fleisch / die Suppe / den Teig   rühren
10. Gemüse / Kuchen / Eier   kochen

C

1 c) Stefanie möchte für die Party einen Schichtsalat machen. Das Rezept hat sie in dem alten handgeschriebenen Kochbuch ihrer Mutter gefunden. Beschreiben Sie, wie sie den Schichtsalat macht, und ergänzen sie den Text.

Schichtsalat

- 1 Glas Selleriestreifen / 1 Dose Mais / 1 Dose Ananasstücke
- 200 g Schinken (gekocht, in Streifen geschnitten)
- 5 Eier (gekocht, in Scheiben geschnitten) / 1 Apfel (geschält, klein geschnitten)
- 150 g Joghurt (Natur) / 150 g Mayonnaise
- 1 Stange Lauch (in dünne Ringe geschnitten) / 400 g Käse (gerieben)
- Alles der Reihe nach (Sellerie, Mais, Ananas, Schinken, Eier, Apfel) in eine Glasschüssel geben. Joghurt in die Mayonnaise rühren und darüber gießen. 1 Tag im Kühlschrank stehen lassen. Vor dem Servieren Lauch darüber legen, mit Käse bedecken.

= in Streifen schneiden

Stefanie (1) _kocht_ die Eier 10 Minuten und lässt sie kalt werden. Dann

(2) _____ sie den gekochten Schinken in (3) _____.

Anschließend (4) _____ sie den Apfel und (5) _____ ihn in

kleine (6) _____. Dann (7) _____ sie die Eier und schneidet sie in

(8) _____. Sie nimmt eine Glasschüssel und (9) _____ alle Zutaten

der Reihe nach _____. Sie (10) _____ den Joghurt in die Mayonnaise

und (11) _____ alles über die Zutaten. Schließlich (12) _____ sie die

Schüssel in den Kühlschrank.

Am nächsten Tag (13) _____ sie den Käse und schneidet den Lauch in dünne

(14) _____. Dann (15) _____ sie zuerst die Lauchringe in die Glasschüssel

und (16) _____ schließlich alles mit dem geriebenen Käse.

Guten Appetit!

1 d) Stefanie macht auch eine Zucchinisuppe. Die ist so lecker, dass eine Freundin das Rezept möchte. Stefanie schreibt das Rezept kurz auf. Ergänzen Sie die fehlenden Informationen.

Zucchini-Suppe – Rezept

Man schneidet ein Kilogramm Zucchini in Würfel und hackt zwei Zwiebeln fein. Das brät man in einem Topf ein paar Minuten an. Dann gibt man einen Liter Gemüsebrühe dazu und lässt die Suppe kochen.

Anschließend reibt man eine Kartoffel und schneidet eine Banane in Scheiben und gibt beides in die Suppe. Nach 5-10 Minuten püriert man die Suppe und gibt Curry, Salz und Pfeffer dazu. Schließlich rührt man 1/8 Liter Sahne in die Suppe ein.

- 1 kg Zucchini (_in Würfel geschnitten_) + 2 Zwiebeln

  (_____) → paar Minuten _____

- 1 l Gemüsebrühe _____ → kochen

- 1 Kartoffel (_____) + 1 Banane

  (in _____ geschnitten) → nach 5-10 Min. pürieren

- Curry, Salz, Pfeffer _____ +

  1/8 l Sahne _____

C2 Gasthaus, Restaurant und Kneipe

2 a) In welches Lokal gehen die folgenden Personen gern?
Bitte ergänzen Sie den Lösungssatz.

Gasthaus „Zum Hirschen"

Besuchen Sie ein traditionelles Wirtshaus mit original bayrischer Gemütlichkeit! Täglich ofenfrischer Schweinebraten! In unserem schattigen Biergarten finden Sie an heißen Sommertagen ein schönes Plätzchen zur Erholung.
Dienstag Ruhetag!

Kneipe „Bei Elsa"

Hier wird gekocht wie bei Mama daheim! Gemütliche Kneipe mit wechselnder Mittagskarte – große Portionen, kleine Preise! Abends nur auf Vorbestellung. Mo-Sa, 11.00 – 14.00, 18.00 – 24.00 Uhr. So Ruhetag.

Restaurant „Barbarossa"

Ein italienisches Restaurant für gehobene Ansprüche. Hier finden Sie italienische Küche für Feinschmecker. Probieren Sie unsere hausgemachten Nudeln, testen Sie unsere edlen Weine und erleben Sie ein Stück Toskana mitten in Deutschland.
Mo-Fr 11.00 - 24.00, Sa/So u. Feiertag 12.00 – 24.00 Uhr

Bistro „Natur plus"

Vegetarisches Essen ohne Konservierungsstoffe, ohne Geschmacksverstärker und ohne Farbzusätze! Hier schmeckt alles lecker UND Sie ernähren sich gesund! An unserer Straßentheke gibt es auch kleine Gerichte zum Mitnehmen. Unser modernes Ambiente ergänzt auf natürliche Art unsere Philosophie: Klare Formen – saubere Speisen!
Sa-/So-Abend nur mit Reservierung, Mo Ruhetag.

Restaurant „Toulouse"

Genießen Sie das „Savoir-vivre" der französischen Küche und erleben Sie eine reiche Auswahl an landestypischen Speisen und köstlichen Weinen zu moderaten Preisen. Französische Küche muss nicht immer unbezahlbar sein!
Di-So 18.00 - 24.00 Uhr

1. *Karl und Inge Lagarde:* „Wir legen viel Wert auf gesundes Essen. Wir kaufen nur im Bioladen ein, auch wenn das teurer ist als im normalen Supermarkt. Wenn wir in ein Lokal gehen, achten wir auch besonders auf die gute Qualität des Essens."

Karl und Inge gehen ins *Bistro „Natur plus".*

2. *Herbert Scharnagl:* „Ich kann nicht kochen – ich habe es nie gelernt und habe auch keine Lust darauf. Essen ist für mich nicht so wichtig. Das Wichtigste für mich ist, dass ich in der Mittagspause etwas Warmes bekomme. Abends gehe ich dann lieber mit meinen Freunden in eine Kneipe auf ein Bier."

Herbert geht in die _____.

3. *Marlies Oberwallner:* „Ich komme aus einem kleinen Dorf in Oberbayern und liebe die gute alte ländliche Küche. Wenn ich zum Essen gehe, möchte ich im Sommer auch gerne draußen sitzen. Mein Lieblingsessen? Natürlich Schweinebraten mit Knödeln!"

Marlies geht ins _____.

3. *Rüdiger Rösler:* „Ich gehe gern zum Essen, wenn ich etwas feiern möchte. Dann darf es auch etwas teurer sein. Am liebsten esse ich selbst gemachte Tortellini und trinke dazu einen guten trockenen Weißwein."

Rüdiger geht ins _____.

4. *Familie Bachmann:* „Bei uns ist es Tradition, die Geburtstage in einem guten Restaurant zu feiern. Es gibt dann für alle ein richtiges Menü, aber natürlich darf es nicht zu teuer sein, denn wir haben ja vier Kinder! Mein Mann ist übrigens ein richtiger Weinkenner, er hat schon zwei Weinseminare in Frankreich besucht!"

Familie Bachmann geht ins _____.

2 b) Stephanie will mit Jens ihren ersten Hochzeitstag in einem guten Restaurant feiern. Sie fragt ihre Freundin Paula per Email, wo man gut zum Essen gehen kann. Lesen Sie die Antwort von Paula und ergänzen Sie die Adjektive aus dem Schüttelkasten. Bitte achten Sie auf die richtigen Endungen!

Liebe Stephanie,

am besten geht ihr ins „Alexis Sorbas", das ist ein (1) _griechisches_ Restaurant, wo

man auch sehr (2) _____ sitzen kann. Hier stimmt eigentlich alles: Sie

haben eine sehr (3) _____ Bedienung, (4) _____

Sitzecken und abends (5) _____ Kerzenlicht ... Das wollt

ihr doch, oder? ☺

Ich habe dort immer (6) _____ Vorspeisen bekommen, (7) _____

Salat und (8) _____ Brot. Und auch die Hauptspeisen sind alle

(9) _____!

Auf der Weinkarte findet ihr ein (10) _____ Angebot – für jeden

Geschmack und für jedes Portemonnaie! Und, ganz wichtig ist die Musik: Sie spielen

(11) _____ Songs aus Griechenland!

Ich wünsche euch viel Spaß!

(12) _____ Grüße

Paula

frisch · ~~griechisch~~ · alt · lecker · lieb · freundlich · gut · gemütlich · reich · romantisch · hübsch · köstlich

D. Hübsch, fit und gesund

D1 Für Haut und Haare

1 a) Was benutzen die Personen zur Körperpflege? Ordnen Sie die richtigen Wörter aus dem Schüttelkasten zu.

Gesichtscreme · Badezusatz · Haarwaschmittel · Deospray · Körperlotion · Duschgel

Bild 1: Sie wäscht sich die Haare mit *Haarwaschmittel*.

Bild 2: Sie cremt sich mit einer _____ ein.

Bild 3: Er duscht sich und wäscht sich mit _____.

Bild 4: Sie cremt den Rücken ihrer Freundin mit

_____ ein.

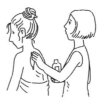

Bild 5: Sie nimmt ein Bad mit _____.

Bild 6: Er benutzt einen _____.

1 b) Welche Beschreibung passt zu den Produkten aus dem Schüttelkasten? Ordnen Sie die Sätze den Bildern in 1 a) zu.

a) Erfrischende und belebende Feuchtigkeitspflege durch *Avial*! Morgens nach der Reinigung gleichmäßig auf Gesicht und Hals verteilen.

Bild 2   *Gesichtscreme*

b) *Walana* pflegt mit Vitamin E und dem speziellen 24-Stunden-Hydrokomplex. Lässt sich leicht auf der Haut verteilen und zieht schnell ein. Ohne künstliche Farb- und Konservierungsstoffe. Für die tägliche Anwendung geeignet.

Bild ☐ _____

c) *Morgentau* bietet mit seiner Kombination aus sanfter Pflege und angenehmer Frische ein einzigartiges Duscherlebnis! Großzügig auf der Haut verteilen, einmassieren und mit klarem Wasser abspülen.

Bild ☐ _____

d) *Calendula* wirkt stark, ist aber sanft zu Ihrer Haut. Das alkoholfreie 24-Stunden-Wirksystem ist besonders geeignet für empfindliche Achseln. Ein Sprühstoß morgens genügt.

Bild ☐ _____

e) *Natura verde* überzeugt mit Melissenextrakt aus kontrolliert biologischem Anbau und wertvollem Lavendelöl. Der Duft der Kräuter lässt Sie den Alltagsstress vergessen. 4-5 Spritzer in das laufende Badewasser geben und bei 35-38° das Bad 10-15 Minuten genießen.

Bild ☐ _____

f) *Prohair* kräftigt das Haar und verleiht Glanz durch sanfte Pflege und Reinigung. Ins nasse Haar einmassieren und gründlich ausspülen.

Bild ☐ _____

! Lerntipp:
Besonders bei Produktbeschreibungen oder Werbung ist es nicht nötig, alles zu verstehen. Oft sind wenige Wörter genug, und Sie verstehen, was das Thema ist!

1 c) Lesen Sie noch einmal die kleinen Texte aus 1 b). Was ist richtig? Kreuzen Sie an.

a) ☒ Die Gesichtscreme macht die Haut feucht, ist also gut gegen trockene Haut.
   ☐ Mit der Gesichtscreme kann man die Haut reinigen.

b) ☐ Die Körperlotion ist ein natürliches Produkt.
   ☐ Man muss die Körperlotion jeden Tag benutzen.

c) ☐ Das Duschgel pflegt und erfrischt die Haut.
   ☐ Man soll nur ein bisschen von dem Duschgel benutzen.

d) ☐ Wenn man das Deo benutzt, soll man keinen Alkohol trinken.
   ☐ Man benutzt das Deo nur einmal am Tag.

e) ☐ Der Badezusatz beruhigt und entspannt.
   ☐ Man darf nicht länger als 15 Minuten baden.

f) ☐ Das Shampoo ist sehr stark.
   ☐ Zuerst gibt man das Shampoo auf die Haare, dann wäscht man es wieder
      mit Wasser ab.

D2 Gesundheitstipps

2 a) In der Frauenzeitschrift *Leila* gibt es eine Seite für Leserfragen. Das Thema dieser Ausgabe ist „Gesundheitsprobleme im Alltag – Frau Dr. Winter hilft!" Lesen Sie die kleinen Texte und ergänzen Sie die Tabelle mit den wichtigsten Informationen.

1. *Nathalie, 24:* „Eigentlich habe ich nicht wirklich ein Problem, und
trotzdem: Ich fühle mich nicht wohl. Meistens bin ich müde und
würde am liebsten den ganzen Tag schlafen. Bei meiner Arbeit im Büro kann ich mich
nicht richtig konzentrieren und alles ist so anstrengend. Was kann ich tun?"
Dr. Winter: „Sie sollten viel frisches Obst und Gemüse essen, denn ihr Körper braucht
Vitamine, damit er genug Energie hat. Ein bisschen Sport würde Ihnen sicherlich auch
helfen, sich besser zu fühlen. Gehen Sie wenigstens jeden Tag eine halbe Stunde spazieren, oder machen Sie regelmäßig Gymnastik."

2. *Petra, 39:* „Ich habe so oft Kopfschmerzen. Deshalb war ich auch schon beim Arzt,
der konnte aber nichts finden. Er sagt, ich bin völlig gesund. Aber ich leide fast jeden Tag
unter diesen Kopfschmerzen, mal stärker, mal schwächer. Das beginnt immer am späten
Nachmittag und dauert oft bis in die Nacht. Dann kann ich auch gar nicht gut einschlafen.
Wahrscheinlich liegt es an meinem Beruf, denn ich bin Programmiererin und sitze den
ganzen Tag am Computer."

Dr. Winter: „Wenn man den ganzen Tag im Büro sitzt, hat man oft zu wenig frische Luft und Bewegung. Sie sollten in den Mittagspausen kleine Spaziergänge machen, jeden Abend vor dem Schlafen ein bisschen spazieren gehen. Wichtig ist auch, genug zu trinken, mindestens zwei Liter pro Tag. Und machen Sie einen Termin beim Augenarzt, vielleicht brauchen Sie eine Brille!"

3. *Karla, 51:* „Ich bin so oft erkältet. Fast jeden Monat habe ich Schnupfen oder Husten und bin zwar nicht richtig krank, aber fühle mich schlecht. Dann macht mir nichts mehr Spaß und meine Arbeit strengt mich sehr an."
Dr. Winter: „Häufige Erkältungen sind ein Zeichen für ein schwaches Immunsystem, aber das können Sie stärken. Dann ist Ihr Körper nicht mehr so anfällig für Erkältungen. Ziehen Sie sich bei kühlem oder kaltem Wetter nicht zu warm an, und duschen Sie sich jeden Morgen warm und kalt. Es hilft auch, wenn Sie ab und zu in die Sauna gehen!"

4. *Vera, 27:* „Meine Nervosität belastet mich sehr. Ich kann nie ruhig sitzen bleiben, immer muss ich etwas tun. Auch kann ich nicht ruhig schlafen. Ich wache oft auf und kann dann nicht wieder einschlafen. Dann bin ich am nächsten Tag müde und werde nur mit Kaffee richtig wach. Aber eine Freundin hat mir geraten, weniger Kaffee zu trinken, deshalb trinke ich jetzt nur noch fünf Tassen am Tag."
Dr. Winter: „Ihr Kaffeekonsum ist immer noch zu hoch. Sie sollten mal eine Woche gar keinen Kaffee trinken, nur Tee. Und dann, in der nächsten Woche, nur eine Tasse am Tag. Wenn Sie dann ruhiger sind, wissen Sie, dass Sie einfach zu viel Kaffee getrunken haben! Denn der Kaffee hält Sie künstlich wach, und Sie kommen nicht dazu, sich wirklich zu erholen und auszuruhen."

Person	Problem	Ratschlag
Nathalie	*ist müde, möchte schlafen,*	*viel frisches Obst und Gemüse essen,*
Petra		
Karla		
Vera		

2 b) Ein Freund schreibt Ihnen eine E-Mail und klagt darüber, dass er sich nicht wohlfühlt. Was raten Sie ihm?

1. Ich bin so müde!

Geh doch/vielleicht früher ins Bett!

> früher ins Bett gehen

2. Ich kann mich einfach nicht konzentrieren!

_____

_____

> Pause machen und sich ausruhen

3. Jetzt bin ich schon wieder erkältet!

_____

_____

_____

> jeden Morgen warm und kalt duschen

4. Ach, ich bin so nervös!

_____

_____

> weniger Kaffee trinken

5. Ich bin in letzter Zeit so dick geworden.

_____

_____

> keine Süßigkeiten mehr essen und viel Sport machen

6. Ich habe so viel Stress.

_____

_____

> Urlaub machen und sich erholen

7. Immer, wenn ich Treppen steige, bekomme ich keine Luft mehr.

_____

_____

_____

> mit dem Rauchen aufhören

❗ Lerntipp:
Ergänzen Sie den Imperativ in einem Satz mit *doch* oder/und *vielleicht*, das klingt freundlicher.

D3 Arztbesuch

3 a) Herr Sonneck ist von seinem Hausarzt zu einem Facharzt für Orthopädie geschickt worden. Hier muss er bei der Anmeldung einen Fragebogen ausfüllen. Lesen Sie die Informationen über Herrn Sonneck und füllen Sie den Fragebogen aus. Nicht alle Informationen sind für den Fragebogen wichtig!

Herr Walter Sonneck ist 34 Jahre alt. Er ist am

3. August 1977 in Augsburg geboren. Seit 3 Jahren

wohnt er in Frankfurt am Main, in der Schillerstraße 47.

Seine private Telefonnummer ist 069/56931102, seine Handynummer ist

0172/44381192. In seinem Büro ist er unter der Nummer 069/9967528-46 zu erreichen.

Er arbeitet bei der Frankfurter VT-Bank als Anlageberater. Er hat Volkswirtschaft studiert.

Versichert ist er bei der Betriebskrankenkasse BKB. Herr Sonneck hat Probleme mit

seinen Knien, deshalb hat seine Hausärztin, Frau Dr. Meibacher, ihn zum Orthopäden

überwiesen. Frau Dr. Meibacher hat ihre Praxis am Königsplatz 12.

Herr Sonneck ist verheiratet und hat einen Sohn. Seine Frau bekommt gerade das zweite

Kind. Eigentlich ist Herr Sonneck gesund und fit und braucht selten einen Arzt oder

Medikamente. Mit zehn Jahren ist er am Blinddarm operiert worden, aber seitdem war

er in keinem Krankenhaus mehr. Nur einmal in seinem Leben war er wirklich krank: Als

Student hatte er eine lange Reise durch mehrere afrikanische Länder gemacht und ist

dabei an Hepatitis erkrankt, aber zum Glück ist er wieder völlig gesund geworden.

Seine Eltern und Geschwister sind auch gesund, nur sein Großvater ist vor einem Jahr an

Lungenkrebs gestorben. Herr Sonneck hat deshalb mit dem Rauchen aufgehört. Das war

nicht leicht für ihn, weil er seit seiner Jugend geraucht hat. Aber jetzt fühlt er sich sehr

wohl damit und hat auch eine bessere Kondition beim Joggen. Er trinkt gern ab und zu

ein Glas guten Wein. Eigentlich isst und trinkt er alles gern – nur mit Nüssen muss er

aufpassen. Wenn er Nüsse gegessen hat, fühlt er sich nicht wohl.

Fragebogen

Name: _Sonneck_
Vorname: _____
Geburtsdatum: _____
Adresse: _____
Telefon: _____
Mobiltelefon: _____

Arbeitsgeber: _____
Beruf: _____

Krankenversicherung: _____
Hausarzt: _____

1. Besteht eine Schwangerschaft? ☐ ja ☒ nein

2. Nehmen Sie regelmäßig Medikamente? ☐ ja ☐ nein
   Wenn ja, welche? _____

3. Sind Sie schon einmal operiert worden? ☐ ja ☐ nein
   Wenn ja, was für eine Operation? _____

4. Leiden Sie an einer chronischen Erkrankung? ☐ ja ☐ nein
   Wenn ja, was für eine Erkrankung? _____

5. Leiden Sie an einer infektiösen Erkrankung ☐ ja ☐ nein
   (TBC, HIV, Hepatitis, etc.)?
   Wenn ja, was für eine Erkrankung? _____

6. Gibt es in Ihrer Familie schwere Erkrankungen? ☐ ja ☐ nein
   Wenn ja, welche? _____

7. Leiden Sie an Allergien? ☐ ja ☐ nein
   Wenn ja, welche? _____

8. Rauchen Sie? ☐ ja ☐ nein

9. Trinken Sie oft Alkohol? ☐ ja ☐ nein

10. Gehen Sie regelmäßig zum Arzt? ☐ ja ☐ nein

3 b) Der Orthopäde hat Herrn Sonneck ein Medikament für seine Kniegelenke verschrieben. Was bedeuten die Informationen auf dem Beipackzettel des Medikaments? Ordnen Sie die passenden Erklärungen/Fragen zu.

1. Zusammensetzung

2. Darreichungsform

3. Anwendungsgebiet

4. Gegenanzeigen

5. Vorsichtsmaßnahmen

6. Wechselwirkungen mit anderen Mitteln

7. Dosierungsanleitung

8. Überdosierung

9. Nebenwirkungen

10. Hinweise zur Haltbarkeit und Aufbewahrung

a) Bei welchen Krankheiten oder gesundheitlichen Problemen hilft es?

b) Was kann mir passieren, wenn ich das Medikament nicht vertrage, und wie wahrscheinlich ist das?

c) Dürfen Schwangere oder Kinder das Medikament nehmen?

d) Darf man das Medikament zusammen mit anderen Medikamenten nehmen?

e) Was ist in dem Medikament?

f) Wann ist das Medikament alt und man kann es nicht mehr nehmen? Muss man es in den Kühlschrank stellen?

g) Wie oft nimmt man das Medikament und wie viel davon?

h) Was macht man, wenn man zu viel von dem Medikament genommen hat? Ist das gefährlich?

i) Sind es Tropfen oder Tabletten?

j) Wer darf das Medikament nicht nehmen?

E. Lernen und Beruf

E1 Kurse an der Volkshochschule

1 a) An der Volkshochschule (VHS) kann jeder Erwachsene nach seinen Interessen Kurse besuchen und etwas lernen. Die Kurse sind preiswert und das Angebot ist groß. Lesen Sie die folgenden Kursangebote und ordnen Sie zu.

1. Die Geheimnisse der virtuellen Welt

Sie können Texte am Computer schreiben und sich Informationen „googeln", aber Sie möchten auch Ihre digitalen Fotos ordentlich verwalten, Videos anschauen, Musik herunterladen und sich mit dem Internet vertraut machen. In diesem Kurs lernen Sie an acht Abenden alles Wissenswerte über den Gebrauch Ihres Computers im privaten Alltag.

8 x Mi, 19.00 – 20.30 Uhr, 6 – 8 TN *(TN = Teilnehmer)*

2. Fit für den Alltag in Deutschland

Sie leben schon ein paar Jahre in Deutschland, aber haben im Alltag immer wieder Probleme mit der deutschen Sprache? Dieser besondere Sprachkurs (etwa Niveau A2) hilft Ihnen dabei, viele Situationen des alltäglichen Lebens besser zu bestehen. Das Programm ist flexibel und richtet sich nach den Interessen der Teilnehmer.

16 x Do, 18.30 – 20.00 Uhr, max. 12 TN

3. Die Altstadt im Wandel der Zeit

Begleiten Sie uns auf einem Stadtspaziergang, der eine lange Reise in die Vergangenheit wird. An zwei Samstagen im Herbst werden Sie ganz neue Seiten an Ihrer Stadt entdecken, den Spuren berühmter Persönlichkeiten folgen und erleben, wie sich ein kulturelles und geistiges Zentrum Europas gebildet hat.

Beginn: 4. Okt., 2 x Sa, 10.00 – 14.00 Uhr, max. 10 TN

4. In der Ruhe liegt die Kraft

Stress in Alltag und Beruf belastet nicht nur mental, sondern auch physisch und macht auf Dauer krank. Dieser Kurs zeigt Ihnen, wie Sie durch Atemübungen, Entspannungstechniken und Selbstmassage ruhig werden und Ihr Immunsystem stärken können. Bitte kommen Sie in bequemer Kleidung und bringen Sie ein kleines Kissen mit.

Beginn: 6. Okt., 16 x Mo, 19.30 – 21.00 Uhr, 8 – 10 TN

5. Der Euro in der Krise

Jeden Tag sind die Zeitungen voll von Meldungen aus der Wirtschaft – aber verstehen Sie auch alles? An drei Abenden werden Sie mit einem Finanzexperten die globalen Zusammenhänge in Wirtschaft und Finanzwelt diskutieren. Fragen Sie alles, was Sie schon immer wissen wollten!
Beginn: 6. Okt., Mo/Mi/Fr, 19.00 – 20.00 Uhr

6. Bauch – Beine – Po

Schwerpunkt dieses Kurses sind die typischen Problemzonen des Körpers einer Frau. Arbeiten Sie mit einer erfahrenen Trainerin zwei Mal pro Woche, und Sie werden wieder gern in den Spiegel sehen! Dazu gewinnen Sie Ausdauer und Kraft.
Beginn: 6. Okt., 24 x Mo/Do, 19.00 – 20.00 Uhr

Welche Person interessiert sich für welchen Kurs? Wer findet keinen passenden Kurs?

Kurs	1	2	3	4	5	6
Teilnehmer	b) Mathilda					

a) *Franz* interessiert sich für regionale Geschichte. In seiner Freizeit liest er viel, besucht Stadtführungen und reist gern.

b) *Mathilda* fotografiert sehr gern. Vor einem Monat hat sie eine digitale Kamera gekauft, aber sie hat noch Probleme, die vielen Fotos zu ordnen.

c) *Frieda* ist 50 Jahre alt geworden und hat von ihren Freundinnen einen VHS-Kurs geschenkt bekommen. Zuerst war sie ein bisschen sauer, aber dann hat sie sich gefreut.

d) *Herbert* ist Fondmanager und macht jeden Tag viele Überstunden. Letzte Woche war er wegen starker Kopfschmerzen beim Arzt. Der hat ihm geraten, sich mehr um seine Gesundheit zu kümmern.

e) *Theodorakis* hat seit drei Jahren ein Restaurant in München. Seine Freunde haben ihm immer gerne geholfen, wenn er Probleme mit der Sprache hatte, aber er möchte sie nicht so oft um Hilfe fragen.

f) *Elisabeth* interessiert sich für Politik, aber den Wirtschaftsteil der Zeitung liest sie nicht gern. Nun ist aber immer wieder die Wirtschaft das Hauptthema der Politik und Elisabeth ärgert sich, dass sie so vieles nicht versteht.

1 b) Die Kurse beginnen und jeder soll erzählen, warum er sich für den Kurs angemeldet hat. Ergänzen Sie die Aussagen der Personen.

a) *Franz:* „*Ich interessiere mich* für regionale Geschichte. In _____

Freizeit _____ _____ viel, _____ Stadtführungen und

_____ gern."

b) *Mathilda:* „Ich _____ sehr gern. Vor einem

Monat _____ _____ eine digitale Kamera gekauft, aber

_____ _____ noch Probleme, die vielen Fotos zu ordnen."

c) *Frieda:* „_____ _____ 50 Jahre alt geworden und _____ von

_____ Freundinnen einen VHS-Kurs geschenkt bekommen.

Zuerst _____ _____ ein bisschen sauer, aber dann _____ _____

_____ gefreut."

d) *Herbert:* „_____ _____ Fondmanager und _____ jeden Tag

viele Überstunden. Letzte Woche _____ _____ wegen starker

Kopfschmerzen beim Arzt. Der hat _____ geraten, _____ mehr

um _____ Gesundheit zu kümmern."

e) *Theodorakis:* „_____ _____ seit drei Jahren ein Restaurant in

München. _____ Freunde haben _____ gerne geholfen, wenn

_____ Probleme mit der Sprache _____, aber _____

_____ sie nicht so oft um Hilfe fragen.

f) *Elisabeth:* „_____ _____ _____ für Poli-

tik, aber den Wirtschaftsteil der Zeitung _____ _____ nicht gern.

Nun ist aber immer wieder die Wirtschaft das Hauptthema der Politik

und _____ _____ _____, dass _____ so vieles nicht

_____.

E2 Rund um den Beruf

2 a) **Suchen und markieren Sie im Buchstabenrätsel 14 Wörter, die mit Ausbildung und Beruf zu tun haben. Sie sollten 7 Wörter senkrecht (↓) und 7 Wörter waagrecht (→) finden.**

A	W	E	I	T	E	R	B	I	L	D	U	N	G	I	U
S	S	D	F	E	G	H	G	J	K	L	A	R	A	P	O
C	Q	W	E	I	R	T	Z	A	B	I	T	U	R	Z	U
H	Y	X	C	L	A	C	V	B	E	B	N	M	B	A	S
U	S	D	F	Z	N	F	G	H	W	H	J	K	E	K	S
L	Q	A	Y	E	G	W	S	Z	E	U	G	N	I	S	C
A	W	P	Y	I	E	A	Z	L	R	T	C	H	T	E	H
B	S	O	X	T	S	S	T	K	B	G	D	Z	S	T	I
S	X	I	C	S	T	U	D	I	U	M	E	T	A	I	C
C	E	K	V	T	E	D	R	J	N	H	V	P	M	L	H
H	R	J	B	E	L	F	E	H	G	G	F	R	T	N	T
L	T	H	N	L	L	E	B	E	N	S	L	A	U	F	A
U	Z	G	G	L	T	G	W	G	R	U	R	K	R	O	R
S	U	F	H	E	A	H	Q	F	F	J	B	T	F	R	B
S	P	R	A	C	H	K	E	N	N	T	N	I	S	S	E
S	I	D	J	O	I	J	B	D	V	K	G	K	V	E	I
S	E	L	B	S	T	A	E	N	D	I	G	U	C	H	T
D	Z	S	U	F	G	K	V	S	U	L	T	M	D	E	M

2 b) **Ergänzen Sie die Sätze mit den gefundenen Wörtern.**

1. Wenn ich einen Beruf für ein paar Wochen kennenlernen möchte, mache ich ein *Praktikum*.
2. Ich arbeite nur 50 %, denn ich habe eine _____.
3. Der _____, den man in der Realschule macht, heißt Mittlere Reife.
4. Wenn ich in einer Firma arbeiten möchte, schreibe ich eine _____.

5. Ein freier Journalist arbeitet für mehrere Zeitungen, er ist _____.

6. Mein _____ an der Universität hat fünf Jahre gedauert.

7. Ich spreche fließend Englisch und Spanisch und kann ein bisschen Französisch: Das sind meine _____.

8. Wenn ich eine Arbeitsstelle verlasse, schreibt mein Chef mir ein _____. Darin steht, wie gut ich gearbeitet habe.

9. Wenn ich arbeitslos bin, gehe ich aufs _____. Dort bekomme ich Hilfe, eine neue Arbeit zu finden.

10. Wenn man studieren möchte, braucht man das _____.

11. Ich arbeite manchmal tagsüber und manchmal in der Nacht: Das nennt man

   _____.

12. Zum _____ sagt man auch „Curriculum Vitae".

13. Ich bin nicht selbständig, ich bin bei einer Firma _____.

14. _____ heißt alles, was ich nach meiner Berufsausbildung oder meinem Studium noch lerne, zum Beispiel andere Sprachen oder neue Computerprogramme.

2 c) In der Zeitung gibt es mehrere Stellenanzeigen. Welche der unten genannten Personen findet einen passenden Job? Vorsicht: Die Stellenangebote passen nicht für alle!

1.

Frühaufsteher gesucht!
Für die **Zeitungszustellung** von Mo-Sa bis 6 Uhr morgens. Gute Verdienstmöglichkeiten auf 400-Euro-Basis. Rufen Sie einfach an:
Frau Gollbach, Telefon 089/5023317

2.

Die Unger International GmbH zählt zu den führenden Serviceunternehmen in Europa, mit Kunden in der ganzen Welt. Für unsere Zentrale in Nürnberg suchen wir **Sales Manager** mit Schwerpunkt Osteuropa. Ihr Profil: Muttersprache russisch, gute deutsche Sprachkenntnisse, Bereitschaft zu intensiver Reisetätigkeit, selbständige Arbeitsweise
Wir freuen uns auf Ihre Bewerbung.
Unger International, Alter Platz 3-7, Augsburg www.unger.com

3.

Für unsere Kunden in München suchen wir ab sofort eine **Teamassistentin.** Ihre Aufgaben: Sekretariat, Büro- und Reiseorganisation, Empfang und Betreuung von Kunden

Ihr Profil: Abgeschlossene Berufsausbildung (Bürokauffrau, Rechtsanwalts-Gehilfin), gute Kenntnisse in MS Office, Freude am Arbeiten mit Zahlen und Analysen in einem jungen und dynamischen Team, gute Englischkenntnisse in Wort und Schrift

Bitte senden Sie Ihre Bewerbungsunterlagen per Post/E-Mail an Herrn Rossmann. Zeitarbeit Geck, Regensburger Straße 3-5, München info@zeitarbeitgeck.de

4.

Fachverlag sucht **Lektor/in.** Wir bieten: eine eigenverantwortliche Tätigkeit in einem engagierten und netten Team. Wir erwarten: Verlagserfahrung, selbständiges und sorgfältiges Arbeiten, Organisationstalent, Sprachgefühl sowie Freude am Wandern und Bergsteigen oder anderen alpinen Sportarten.
Ausführliche Bewerbungsunterlagen bitte an:
dieBerge@zeitschrift.de

5.

Freundliche, zuverlässige **Arzthelferin** in Vollzeit für internistische Praxis ab sofort gesucht.
Dr. Abado, Tel. 089/2195583

6.

Wir suchen ab Januar eine/n **Hotelfachfrau/-mann** zur Verstärkung unseres Rezeptionsteams. Haben Sie Erfahrung, sind Sie engagiert, besitzen Sie gute Umgangsformen und Sprachkenntnisse? Dann bewerben Sie sich bitte schriftlich an: Hotel König Ludwig, zu Händen Herrn Singer, Seepromenade 1, Tegernsee

1.	2.	3.	4.	5.	6.
c) Josef					

a) *Sascha* hat Wirtschaft und International Relationship studiert. Seine Familie stammt aus Russland und er spricht fließend Deutsch, Russisch und Englisch.

b) *Vera* hat Germanistik studiert und vier Jahr in ihrer Heimatstadt Hamburg in einem Verlag gearbeitet. Ihre Hobbys sind Schwimmen und Segeln.

c) *Josef* studiert noch und hat wenig Geld. Deshalb braucht er einen Job, aber er kann nicht am Vormittag oder Nachmittag arbeiten, denn da muss er in der Universität sein.

d) *Theresa* ist Arzthelferin und hat zwei kleine Kinder. Nun möchte sie wieder anfangen zu arbeiten und sucht eine Teilzeitstelle.

e) *Tessa* hat ihre Ausbildung zur Bürokauffrau abgeschlossen und ein halbes Jahr in London gelebt.

f) *Werner* hat eine Ausbildung zum Hotelfachmann gemacht und sucht ab Anfang nächsten Jahres eine neue Stelle, weil dann sein Vertrag im Holten-Hotel endet.

2 d) Tessa schreibt eine Bewerbung per E-Mail. Sie findet im Internet, wie ein Bewerbungsschreiben aufgebaut sein soll:

- Persönliche Anrede und Einleitung
- Darstellung des eigenen Profils – Was habe ich gelernt?
- Grund der Bewerbung – Warum bewerbe ich mich?
- Persönliche Stärken – Was kann ich besonders gut?
- Abschluss

1. Ich würde gerne meine Fähigkeiten in Ihr Unternehmen einbringen und freue mich auf ein persönliches Gespräch.

2. Bei der Immobilienfirma Schroders & Co. in London habe ich ein Praktikum gemacht und konnte erste Berufserfahrungen sammeln.

3. Sehr geehrter Herr Rossmann,

4. Meine persönlichen Stärken sind der freundliche und offene Umgang mit Kunden und die engagierte Arbeit im Team.

5. Dabei habe ich auch sehr gute Englischkenntnisse gewonnen.

6. Vor einem Jahr habe ich meine Ausbildung als Bürokauffrau abgeschlossen.

7. Mit freundlichen Grüßen
   Tessa Meiske

8. Auch unter Stress kann ich sehr gut organisieren und bleibe ruhig,

9. Nun wohne ich wieder in München und suche neue Herausforderungen.

10. mit Interesse habe ich Ihre Anzeige im *Tageblatt* gelesen.

11. und außerdem habe ich sehr gute Computer- und Analysekenntnisse.

**Bringen Sie die einzelnen Teile ihrer Bewerbung in die richtige Reihenfolge
und schreiben Sie die Bewerbung.**

_____

_____

_____

_____

_____

_____

_____

_____

_____

_____

_____

_____

_____

_____

_____

_____

_____

_____

_____

_____

_____

_____

_____

_____

_____

_____

E3 Lebensweg und Lebenslauf

3 a) Tessa erzählt, was sie bis jetzt in ihrem Leben gemacht hat. Wie sieht ihr Lebenslauf aus? Schreiben Sie zu ihrer Erzählung einen tabellarischen Lebenslauf (Seite gegenüber).

„Ich bin am 3. Mai 1990 in Nürnberg geboren. Meine Mutter, Maria Meiske, ist Arzthelferin, und mein Vater, Jens Meiske, ist Berufsschullehrer. Mit sechs Jahren bin ich in die Grundschule gekommen. Ich habe vier Jahre lang die Pestalozzi-Grundschule in Nürnberg besucht. Noch in der Grundschule habe ich mit Ballett-Unterricht angefangen, das mache ich bis heute. Ballett und Reisen – das sind meine beiden Hobbys!
Nach der Grundschule bin ich auf die Maria-Ward-Realschule gegangen, auch in Nürnberg. Als ich 14 Jahre alt war, ist meine Familie nach München umgezogen. Dort bin ich dann auf die Städtische Realschule gegangen und habe dort auch mit 16 Jahren die Mittlere Reife gemacht.
Danach war ich zwei Monate bei einer befreundeten Familie in Wales. Dabei habe ich sehr gut Englisch gelernt. Dann habe ich einen Ausbildungsplatz bei der Firma Struck in Gröbenzell gefunden und habe dort Bürokauffrau gelernt. Den Abschluss habe ich im März 2010 gemacht. Ich wollte unbedingt einmal in England arbeiten, deshalb habe ich mich bei verschiedenen Firmen in London beworben. Bei der Immobilienfirma Schroders & Co. konnte ich ein Praktikum machen und von Juni bis Dezember in der Londoner Filiale arbeiten. Das war eine tolle Erfahrung und ich habe dort viel gelernt."

3 b) Welches Verb passt? Bitte ordnen Sie zu.

1.	die Schule	a)	lernen
2.	einen Praktikumsplatz	b)	werden
3.	eine Ausbildung	c)	besuchen
4.	an der Hochschule für Musik	d)	bewerben
5.	eine Sprache	e)	suchen
6.	das Abitur	f)	bekommen
7.	ein gutes Zeugnis	g)	bestehen
8.	eine Prüfung	h)	studieren
9.	Arzt	i)	arbeiten
10.	in einer Firma	j)	teilnehmen
11.	an einem Computerkurs	k)	machen

Persönliche Daten:

Geburtstag: *3. Mai 1990*

Geburtsort: _____

Mutter: _____

Vater: _____

Schulbildung:

1996-2000: _____

_____

2000-2004: _____

_____

2004-2006: _____

Schulabschluss:

Juli 2006: _____

Berufsausbildung:

10/2006 - _____ zur _____
3/2010:
        bei der _____

Praktikum:

6-12/2010: _____

_____

Hobbys: _____

F. Freizeit und Feiertage

F1 Wochenendpläne

1 a) **Edith, Barbara und Inge planen ihr Wochenende. Lesen Sie die Angebote im Veranstaltungskalender. Was können die Freundinnen unternehmen? Machen Sie je einen Vorschlag und beantworten Sie die Fragen.**

1. *Edith* interessiert sich für Theater und Literatur, aber auch Kabarett gefällt ihr. Auf jeden Fall muss es neu und interessant sein. Klassische traditionelle Stücke mag sie nicht so gern. Sie muss am Montag sehr früh aufstehen, deshalb will sie lieber am Samstagabend ausgehen.

Wohin kann Edith gehen? _____

_____

2. *Barbara* möchte Edith begleiten. Außerdem will sie noch ein Konzert hören, aber es sollte moderne Musik sein, nur keine Pop-Musik.

Wohin kann Barbara gehen? _____

_____

3. *Inge* ist ein Klassik-Fan, aber leider hat sie im Moment nicht viel Geld und die Karten für die großen Konzertsäle sind sehr teuer.

Wohin kann Inge gehen? _____

_____

Veranstaltungen am Wochenende

SAMSTAG, 15. SEPTEMBER:

Literaturhaus, 20 Uhr:
Poesie aus der Schweiz. Jenek Wolf und Brit Mahler stellen unbekannte Dichter unserer Zeit aus unserem Nachbarland vor.

Café Bahnhofshalle, 21 Uhr:
Rock quer – heiße Rhythmen von den 60er-Jahren bis heute.
Ein Muss für alle Rock-Fans!

Residenzsaal, 19.30 Uhr:
Quartett Fayenne – Brillianz auf Streichinstrumenten. Händel, Dvorak und Schubert in einem wunderbar abgestimmten Programm. Restkarten an der Abendkasse.

Lola's, 22 Uhr:
Leidenschaft pur mit Salsa und Tango. Genießen Sie wunderbare südamerikanische Melodien bei Cocktails erster Klasse. Kein Dresscode.

SONNTAG, 16. SEPTEMBER:

Theater am Weberplatz, 19.30 Uhr:
Iphigenie auf Tauris. So haben Sie Goethe noch nie gesehen!
Eine überwältigende Inszenierung des bekannten Dramaturgen
Rainer Maria Sallinger.

Minnesang, 20.30 Uhr:
Alles im Griff! Politkabarett vom Feinsten mit der Gruppe *Feel free.*
Eine harte Probe für Ihre Lachmuskeln!

St. Matthias, 20 Uhr
Romantische Serenaden. Benefizkonzert, gespielt von Absolventen der Musikhochschule München, Eintritt frei. Wir sammeln für ein Hilfsprojekt gegen den Hunger in der Welt.

Kunstpark West, 20 Uhr
Luna's Best. Die bekannte Soul-Sängerin endlich in München!
Sichern Sie sich Ihr Ticket im Vorverkauf!

F

1 b) Veras Freund Peter kommt am Wochenende nach
München und möchte mit ihr ausgehen. Sie schreibt
ihm eine E-Mail mit ihren Vorschlägen, auch aus
dem Veranstaltungskalender aus 1 a).

**Bitte ordnen Sie die einzelnen Abschnitte
und schreiben Sie die E-Mail fertig.**

1. Danach könnten wir tanzen gehen, Salsa und
Tango im ‚Lola's'.

2. Und zum Abschluss dieses wunderbaren
Wochenendes könnten wir ins ‚Minnesang' gehen,
da gibt's ein Kabarett, das wirklich gut sein soll.

3. Zu Hause machen wir uns dann schick und gehen um 19.30 Uhr in den
Residenzsaal. Dort spielt das *Quartett Fayenne*, ich denke, das Programm
gefällt dir.

4. super, dass du endlich mal wieder nach München kommst! Gerade dieses
Wochenende gibt es tolle Sachen an den Abenden.

5. Ich freu mich auf dich! Liebe Grüße, Vera

6. Zuerst gehen wir Samstagvormittag zum Frühstücken ins Café Joker, da gibt's
ein tolles Frühstücksbuffet.

7. Lieber Peter,

8. Das dauert wahrscheinlich ein bisschen länger, also schlafen wir am Sonntag
so richtig aus. Dann vielleicht in die ‚Alte Pinakothek'.

9. Was denkst du? Bist du einverstanden? Schreib bald, dann kann ich die Karten
organisieren.

10. Pass auf, ich stelle mir unser Wochenende so vor:

11. Das Café dort ist wirklich gut, also könnten wir Frühstück und Kultur verbinden!
Später dann bummeln wir durch Schwabing und gehen in einen Biergarten.

12. Du magst doch Kammermusik, oder?

13. Nach dem Frühstücksbuffet könnten wir in den Englischen Garten gehen und
uns ein bisschen in die Sonne legen – das Wetter soll ja sehr schön werden.

F2 Feste feiern!

2 a) In der Tabelle finden Sie verschiedene Feste, die man in Deutschland, Österreich und der Schweiz feiert. Ordnen Sie die Wörter aus dem Schüttelkasten zu. Was passt zusammen? Manche Wörter passen auch zu mehreren Festen.

> der Weihnachtsbaum • der Kuchen • die bunten Eier • die Geschenke • der Champagner • der Brautstrauß • der Kürbis • die Stiefel • der Sack • der Hase • Äpfel und Nüsse • die Eheringe • das Kleeblatt • die Geister • ~~die Kerzen~~ • das Glücksschweinchen • das Feuerwerk • die Torte •

Geburtstag	Halloween	Weihnachten
die Kerzen,		

Neujahr	Ostern	Hochzeit	Nikolaustag

2 b) Jens und Stefanie laden zu einer großen Silvesterparty mit Freunden und
Arbeitskollegen ein. Lesen Sie die einzelnen Sätze und kreuzen Sie an:
Welchen Satz benützen sie in einer informellen Einladung (an Freunde),
welchen in einer formellen Einladung (z. B. an den Chef)? Welchen Satz
kann man in beiden Briefen benutzen?

formell	informell	
☒	☐	Sehr geehrter Herr Dr. Spiegel,
☐	☐	Hast du am Silvesterabend schon etwas vor?
☐	☐	Wir würden uns sehr freuen, wenn Sie kämen!
☐	☐	Dieses Jahr wollen wir in unserem neuen Haus ab 19 Uhr eine große Silvesterparty feiern.
☐	☐	Wir hoffen auf eine positive Antwort von dir!
☐	☐	Komm doch auch, wir würden uns so freuen!
☐	☐	Liebe Waltraud,
☐	☐	Mit freundlichen Grüßen
☐	☐	Es gibt ein leckeres Buffet, Musik und – wer möchte! – auch Tanz.
☐	☐	Herzliche Grüße
☐	☐	uAwg* bis 15.12.
☐	☐	Dazu möchten wir Sie herzlich einladen.
☐	☐	Bitte gib uns noch vor Weihnachten Bescheid, ob du kommen kannst, dann können wir lange genug planen.

* uAwg = um Antwort wird gebeten

2 c) Bitte schreiben Sie die Einladung, einmal informell und einmal formell.

1. *informell:*

Liebe Waltraud,

_____

_____

_____

_____

_____

_____

_____

_____

_____

_____

_____

_____

2. *formell:*

Sehr _____

_____

_____

_____

_____

_____

_____

_____

_____

_____

_____

_____

2 d) Sie laden einen Freund zu Ihrer Geburtstagsparty ein.
Ordnen Sie die einzelnen Sätze und setzen Sie die
richtigen Satzzeichen.

1. _____

Jonas • Lieber

2. _____

_____

zu • möchte • 18.30 Uhr • am • um • Geburtstagsparty • herzlich • ich • meiner •
einladen • 15. Juli • dich

3. _____

_____

in • feiern • II. Stock • Wohnung • in • Wir • der • Hansastraße 12 • meiner • im

4. _____

_____

Musik • organisiere • Buffet • und • Ich • ein • gute

5. _____

mit • viel • Bring • Laune • gute

6. _____

auf • freue • mich • Ich • dich

7. _____

Grüße • Liebe

G. Fahren und Reisen

G1 Unterwegs

**1 a) Welche Schilder sehen Sie auf der Straße,
welche am Bahnhof und welche am Flughafen? Ordnen Sie zu.**

> e Ausfahrt • e Raststätte • r Fahrplan • e Passkontrolle • r Liegewagen •
> e Notrufsäule • r Abflug • e Auskunft • e Umleitung • r Ausgang • e Einbahnstraße •
> e Baustelle • im Anflug • s Handgepäck • s Gleis • e Ankunft • r Unfall •
> e Gepäckaufbewahrung • r Bahnsteig • e Autobahn • e Landung •
> r Fahrkartenschalter • e Ankunft • e Abfahrt • r Schlafwagen • e Verkehrskontrolle •
> gelandet • r Zoll • r Stau • r Check-in Schalter

auf der Straße: _e Raststätte,_ _____

_____

_____

_____

am Bahnhof: _____

_____

_____

_____

_____

am Flughafen: _____

_____

_____

_____

1 b) **Lesen Sie die Erklärungen und ergänzen Sie die richtigen Wörter aus 1 a).**

1. In der Flughafenhalle kann man auf der Anzeigetafel lesen, ob das Flugzeug schon
   gelandet oder noch _____ _____ ist.

2. Wenn ich fliege, darf ich nur mein _____ mit ins Flugzeug nehmen. Den Koffer muss ich am _____ aufgeben.

3. Wenn man jemanden vom Flughafen abholen möchte, muss man zum richtigen
   _____ gehen.

4. Auf der Autobahn gibt es alle zwei Kilometer eine _____. Wenn
   ein _____ passiert ist, kann man dort schnell telefonieren und Hilfe rufen.

5. Manchmal wird eine Straße neu gemacht, dann gibt es eine große
   _____. Die Autos können die Straße nicht mehr benutzen und
   müssen eine _____ fahren.

6. Bei Ferienbeginn gibt es oft einen _____ auf der Autobahn Richtung Süden.
   Die Fahrt dauert dann ein paar Stunden länger.

7. Damit man sicher und konzentriert fährt, sollte man alle zwei Stunden in einer
   _____ Pause machen.

8. Die Reisenden stehen auf dem _____, wenn der Zug einfährt.

9. Auf dem _____ steht, wann der Zug abfährt oder ankommt, und auf
   welchem _____.

10. Wer nachts reist, kann einen Platz im _____ reservieren. Noch
    bequemer ist natürlich der _____, da hat man ein richtiges
    kleines Bett.

11. Wenn ich auf meiner Reise in einer Stadt ein paar Stunden Aufenthalt habe und
    meinen schweren Koffer nicht mitnehmen möchte, gebe ich ihn in die
    _____.

1 c) Jens und Stefanie möchten Urlaub an der Nordsee machen. Sie fahren mit dem Auto und informieren sich im Internet über den Verkehr. Kreuzen Sie an: Was ist richtig, was ist falsch?

1. Am Wochenende werden bei schönem Wetter viele Wochenendausflügler unterwegs sein. Dann ist in den Morgen- und Abendstunden mit Staus und Behinderungen zu rechnen.

   ☒ Viele Leute wollen am Wochenende einen Ausflug machen, deshalb gibt es viel Verkehr.

   ☐ Man sollte nur in den Morgen- und Abendstunden fahren.

2. Auf der A 9 Richtung Nürnberg gibt es auf Grund mehrerer Baustellen erhöhte Staugefahr. Bitte fahren Sie vorsichtig und halten Sie sich an die Geschwindigkeitsbegrenzungen.

   ☐ Auf der A 9 wird viel gebaut, deshalb kann es dort Staus geben.

   ☐ Man soll vorsichtig, aber schnell an den Baustellen vorbeifahren.

3. Bei Fulda gibt es auf der A 7 einen Unfall. Die Autobahn ist in beiden Richtungen gesperrt. Eine Umleitung ist eingerichtet.

   ☐ Bei Fulda ist ein Unfall passiert, weil es dort eine Umleitung gibt.

   ☐ Man kann im Moment bei Fulda auf der Autobahn gar nicht mehr fahren.

4. Bei Würzburg Richtung Schweinfurt ist ein Geisterfahrer auf der Autobahn. Fahren Sie langsam und vorsichtig und überholen Sie nicht!

   ☐ Bei Würzburg läuft ein Schwein auf der Autobahn.

   ☐ Man darf nicht überholen, weil ein Autofahrer in der falschen Richtung fährt.

5. Auf der Bundesstraße 21 hat ein Lastwagen ein Rad verloren. Jetzt liegen Reifenteile auf der Fahrbahn. Das Pannenfahrzeug steht auf dem Seitenstreifen. Bitte fahren Sie vorsichtig.

   ☐ Bei einem Lastwagen ist ein Reifen kaputt gegangen. Jetzt kann er nicht mehr fahren.

   ☐ Ein Fahrrad ist von einem Lastwagen gefallen.

G2 Feriendomizil gesucht!

2 a) Familie Maier will in den Sommerferien mit den Kindern in Deutschland
Urlaub machen. Jetzt lesen Sie die Prospekte aus dem Reisebüro und suchen
ein Reiseziel. Was denken Sie: Welches Angebot gefällt wem am besten?

1. *Campingplatz Bernstein*
Traumhaft schöner Campingplatz in absolut ruhiger Lage zwischen Kiefernwäldern und
Ostseestrand. Ideal für Kinder und Naturfreunde. Saubere Waschräume, Schwimmbad in
der Anlage, Spielplatz, Einkaufsmöglichkeit, Restaurant, Fahrradverleih.

2. *Chiemgauer Hütte*
Familienurlaub auf einer bewirtschafteten Alm inmitten herrlicher Natur. Bergsteigen,
Wandern und die Ruhe genießen auf 1800 Metern Höhe, fern vom Lärm und Stress der
Städte. Schlafmöglichkeiten für sechs Personen, Halb- oder Vollpension.

3. *Pension Kallenberger*
Preiswerte Pension mitten im Herzen von Berlin. Günstiger Ausgangspunkt für Stadtrund-
fahrten. Entdecken Sie Deutschlands Hauptstadt! Kinderermäßigung unter 14 Jahren.
Übernachtung mit Frühstück.

4. *Reiterferien auf dem Bauernhof*

Familienfreundlicher Bauernhof mit Kühen und Schweinen und großem Gestüt. Reitbetrieb für Groß und Klein mit erfahrenem und geduldigem Reitlehrer. Gemütliche Doppelzimmer oder Appartements zu vermieten.

5. *Fischerhütte an der Mecklenburger Seenplatte zu vermieten!*

Alte, komfortabel renovierte Fischerhütte, direkt am See gelegen. Ein Paradies für Angler und Liebhaber des Wassersports! Ruderboot am Steg. Unterbringung für 5 Personen möglich. Nächste Einkaufsmöglichkeit drei Kilometer entfernt.

1.	2.	3.	4.	5.
	d) Benjamin			

a) Herr Maier hatte in letzter Zeit viel Stress im Büro. Er braucht viel Ruhe und Zeit für seine Hobbys, Lesen und Schwimmen. Er braucht nicht viel Luxus und Komfort, aber er möchte auch nicht gern zwei Wochen im Zelt schlafen.

b) Frau Maier war in den letzten beiden Monaten viel zu Hause, da sie gesundheitliche Probleme hatte. Jetzt geht es ihr wieder gut und sie möchte endlich wieder etwas erleben: Museen besuchen, schöne Geschäfte anschauen, ins Theater gehen ...

c) Ulrike liebt Tiere und findet es schrecklich, dass Familie Maier nicht auf dem Land lebt. Sie reitet gern und liest fast nur Bücher mit Pferdegeschichten.

d) Benjamin hat im letzten Sommer seine Leidenschaft fürs Klettern entdeckt. Er möchte auf jeden Fall in die Berge und ein paar interessante Touren gehen.

G

2 b) **Herr Maier will mehr zur Fischerhütte an der Mecklenburgischen Seenplatte wissen. Er schreibt eine E-Mail an den Vermieter. Lesen Sie seine Notizen und formulieren Sie einen Text für die E-Mail!**

1. Name des nächsten Orts?
2. Kosten pro Woche?
3. Strom und fließendes Wasser?
4. Herd und Kaffeemaschine?
5. Bettwäsche und Handtücher mitbringen
6. Frei 30.7. - 14.8.?

Sehr geehrter Vermieter,
ich interessiere mich für Ihre Fischerhütte an der Mecklenburgischen Seenplatte und hätte noch einige Fragen:

(1.) _____

_____

(2.) _____

_____

(3.) _____

_____

(4.) _____

_____

(5.) _____

_____

(6.) _____

_____

Vielen Dank für Ihre Auskunft.
Mit freundlichen Grüßen
C. Maier

2 c) Nach ihrem Urlaub in der Fischerhütte schreibt Frau Maier im Internet eine Bewertung. Sie gibt sieben Sterne von zehn möglichen Sternen. Was war positiv, was negativ? Machen Sie kurze Notizen in der Tabelle unten.

Fischerhütte an der Mecklenburgischen Seenplatte

★★★★★★★☆☆☆

Die Lage der Hütte war wirklich traumhaft. Ein wunderbarer Blick über den See und Natur pur: Fische, Wasservögel, Sonnenuntergang ... Sogar unsere beiden Teenager waren begeistert! Auch Küche und Bad waren sehr sauber und ordentlich.

Allerdings hat es der Vermieter mit den Entfernungsangaben nicht so genau genommen: Das nächste Geschäft war zehn Kilometer entfernt, und das ist zum Brötchenholen am Morgen schon ein weiter Weg! Wir waren auch froh, dass wir nur zu viert waren. Eine fünfte Person hätte auf der harten Küchenbank schlafen müssen! Und das Ruderboot hat auch schon bessere Tage gesehen: Schon zwei Personen waren zu viel und man riskierte nasse Füße ...

Trotzdem ein unvergesslicher Urlaub!

🙂	🙁
1. *traumhafte Lage*	1. _____
2. _____ _____	_____
3. _____ _____	2. _____ _____
4. _____ _____	3. _____ _____
5. _____ _____	

G3 Eine Reise durch Deutschland

3 a) Veronika hat einen Blog im Internet, in dem sie von ihren Ausflügen und Reisen erzählt. Dieses Jahr hat sie eine Deutschlandreise gemacht. Lesen Sie den Blog und markieren Sie die Städte und die Sehenswürdigkeiten, die Hanna besichtigt hat, oder was Hanna unternommen hat. Dann zeichnen Sie die Reiseroute in die Karte ein.

5.6.: Heute Abend haben mir meine Freunde Bilder von Korsika gezeigt. Fast habe ich wieder Zweifel an meinem Plan … Eine Reise durchs eigene Land, ist das nicht zu langweilig?

6.6.: Nun bin ich im Zug nach Nürnberg. Die nächsten drei Wochen werde ich nur in Deutschland unterwegs sein! Heute freue ich mich wieder und bin gespannt!

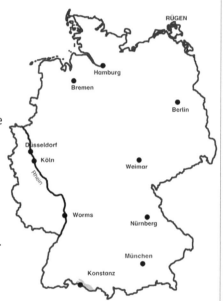

7.6.: Nürnberg war ein gelungener Anfang. Dort habe ich gestern die Burg besichtigt und einen langen Stadtbummel gemacht. Nur eine Nacht bin ich geblieben. Dann bin ich heute Morgen mit dem Zug weitergefahren nach Weimar. Auf zum alten Herrn von Goethe!

8.6.: Ich war gleich nach meiner Ankunft in Weimar im Goethe-Haus und habe auch das Denkmal von Goethe und Schiller bewundert. Heute wollte ich eigentlich noch nach Dresden, aber dann bin ich doch lieber direkt nach Berlin gefahren.

9.6.: Berlin! Hier muss ich drei Tage bleiben! Heute mache ich nur noch eine lange Stadtrundfahrt und dann geh ich früh schlafen. Die nächsten Tage werden anstrengend!

10.6.: Oje, meine Füße! ☹ (Ich habe den ganzen Tag auf der Museumsinsel verbracht!)

12.6.: Berlin ist meine neue große Liebe … Der Ku'damm, die Mauer – es gibt so unglaublich viel zu sehen! Nur im Reichstag war ich nicht, die Warteschlange war mir zu lang. Am besten hat mir aber das Fluchtmuseum am Checkpoint Charlie gefallen. Das hat mich sehr berührt. Und heute geht's an die Ostsee, nach Rügen.

17.6.: Hier hätte ich bleiben können! Rügen ist eine wunderbare Insel. Wenn ich nicht noch mehr von Deutschland sehen wollte, könnte ich bestens meine restliche Zeit hier an der Ostsee verbringen! Die alten Seebäder, die Kreidefelsen – wirklich wunderschön. Aber jetzt geht's nach Hamburg!

19.6.: Der Hamburger Hafen ist wirklich beeindruckend. Man träumt gleich von fernen Ländern ... Auch hier waren zwei Tage viel zu kurz. Jetzt sitze ich im Zug nach Düsseldorf und habe drei Stunden Aufenthalt in Bremen.

20.6.: Gut, dass ich nur einen Tag in Düsseldorf war! Man könnte hier ein Vermögen ausgeben. So schicke Boutiquen!

21.6.: Heute war ich im Kölner Dom. Was für eine Baukunst! Und gleich steige ich auf ein Schiff und fahre auf dem Rhein bis nach Worms!

22.6.: Eine völlig andere Perspektive, auf dem Wasserweg! Es war herrlich und romantisch!

25.6.: Nach drei Tagen Erholung am Bodensee muss ich nun wieder an die Heimreise denken. Es war sehr anstrengend, aber auch sehr, sehr schön. Ich habe so viel noch nicht gesehen: Die Nordsee, den Spessart, den Schwarzwald – ich möchte so einen Urlaub unbedingt noch einmal machen!

3 b) Veronika schreibt ihrer Brieffreundin Renée eine Postkarte vom Bodensee. Was schreibt sie? Schreiben Sie die Postkarte fertig.

Veronika erzählt, dass sie jetzt in Konstanz am Bodensee ist.
Sie erholt sich hier von ihrer dreiwöchigen Reise durch ganz Deutschland.
Sie sagt, dass die Reise wunderbar und spannend, aber auch anstrengend war.
Sie möchte nächstes Jahr noch einmal so eine Reise machen.
Sie fragt, ob Renée sie vielleicht begleiten möchte.
Sie schlägt vor, an die Nordsee oder in den Schwarzwald zu fahren.

L_____ R_enée_,

i____ b____ j_____ i__ K_____ a___ B_____.

H_____ e_____ i____ m_____, d_____ d____ l_____ d____

W_____ b____ i____ d_____ g_____ D_____

g_____. D____ w____ w_____ u____ s_____,

a_____ a_____ a_____.

N_____ J_____ m_____ i____ n_____ e_____ s__ e____

R_____ m_____.

M_____ d__ m_____ v_____ b_____?

W____ k_____ a__ d____ N_____ o_____ i__ d__

S_____ f_____!

H_____ G_____

D_____ V_____

H. Aus Zeitung und Buch

H1 Lokalnachrichten und Wetter

1 a) Lesen Sie die folgenden Meldungen und ordnen Sie sie nach der zeitlichen Reihenfolge: Was war die erste Nachricht? Was die zweite?

a) Wegen der Proteste der Tierschützer wurde die Erlaubnis zum Schießen zurück-genommen. Auf der Straße bei Zangberg dürfen die Autos nur noch 30 km/h fahren. Es sind Warnschilder aufgestellt. Ein Helikopter versuchte, Yvonne mit einer Wärme-bildkamera zu finden, aber sie zeigte sich in den letzten Tagen nicht.

b) Im Landkreis Mühldorf in Oberbayern ist eine Kuh entlaufen[1]. Yvonne – so der Name der Kuh – wandert seitdem durch den Wald bei Zangberg. Tagsüber versteckt sie sich im Wald und bei Sonnenuntergang kommt sie auf die Wiese und frisst[2] Gras. Alle Versuche, die Kuh zu fangen, sind bisher gescheitert[3].
Der Jäger Dr. A. Gellert befürchtet, dass die Kuh auf die Straße laufen und ein Unfall passieren könnte.

c) Nach dem Versuch, die im Wald lebende Kuh Yvonne durch einen Helikopter zu finden, ist es nun ein wenig ruhiger geworden. Eine bekannte Boulevardzeitung versucht ihre Leser weiter für das Thema zu interessieren und machte ein Angebot von 10 000 Euro für den Finder der Kuh. Doch nur ein paar Leute kamen in den Wald bei Zangberg und suchten das Tier. In den letzten Tagen wurde sie nur einmal kurz von einem Spaziergänger gesehen.

d) Die Geschichte der Kuh Yvonne hat weltweit Interesse geweckt. In englischen französischen und amerikanischen Zeitungen wurden Artikel über sie geschrieben, das indische Radio sendete Kommentare und sogar in Abu Dhabi und Südafrika wurde über Yvonne berichtet.

e) Die entlaufene Kuh Yvonne wurde immer noch nicht gefangen. Tierschützer suchten nach der Kuh, Jäger bauten eine Futterfalle[4] und Yvonnes Stallkollegin Waltraud und ihr Sohn Friesi wurden in die Nähe des Waldes gestellt, aber Yvonne kam nur in der Nacht zu den beiden und lief wieder weg, bevor sie gefangen werden konnte.
Nun wurde vom Landratsamt Mühldorf die Erlaubnis gegeben, die Kuh zu schießen. „Wir dürfen nicht warten, bis die Kuh auf die Straße läuft und ein schwerer Unfall passiert", meinte Landrat Egerl. Jetzt gibt es starken Protest von Seiten der Tierschützer.

f) Die vor Wochen entlaufene Kuh Yvonne konnte endlich gefangen werden. Sie wird nun auf den bei Tierschützern bekannten Bauernhof *Gut Aiderbichl* gebracht. Dort darf sie den Rest ihres Lebens in Ruhe verbringen.

1.	2.	3.	4.	5.	6.
b)					

[1] entlaufen = weglaufen; [2] frisst: Menschen essen, Tiere fressen; [3] gescheitert = hat nicht funktioniert; [4] Futterfalle: Das Tier möchte das Futter fressen, läuft in die Falle und kann so gefangen werden.

1 b) Schreiben Sie zwei Leserbriefe an die Zeitung! Ein Brief ist sehr kritisch, der Verfasser will, dass die Kuh erschossen wird. Der andere Brief ist von einer Tierschützerin und sie will, dass die Kuh weiter in Freiheit leben darf. Ordnen Sie die Sätze den Briefen zu und bringen Sie sie in die richtige Reihenfolge.

Der Brief einer Tierschützerin:

Sehr geehrte Redaktion,

seit Wochen gibt es Versuche, die arme Kuh Yvonne wieder einzufangen.

_____

_____

_____

_____

_____

_____

_____

_____

_____

_____

_____

Mit freundlichen Grüßen

Tilde Tierlieb

- Die Tiere dürfen nicht nur Fleischproduzenten für die Menschen sein, denn sie haben auch Gefühle.
- Bleiben wir doch vernünftig: Yvonne ist einfach eine Kuh, die weggelaufen ist.
- Der Grund für alles ist doch nur, dass die Zeitungen im Sommer nicht wissen, worüber sie schreiben sollen!
- Also fordere ich: Freiheit für Yvonne!
- ~~... seit Wochen gibt es Versuche, die arme Kuh Yvonne wieder einzufangen.~~

- Aber plötzlich bekommt das Tier einen Charakter wie ein Mensch und soll eine romantische Sehnsucht nach Freiheit fühlen.
- ... ich kann diesen Yvonne-Zirkus nicht mehr hören und lesen!
- Was für ein Unsinn!
- Aber ich denke, wenn die Kuh in Freiheit leben möchte, dann darf sie das!
- Deshalb sollte man sie erschießen und essen!
- Ich frage Sie, warum hat eine Kuh denn kein Recht darauf, wie ein Reh oder ein Hase im Wald zu leben?
- Das ist das ganz normale Schicksal einer Kuh!

Der kritische Brief:

Sehr geehrte Redaktion,

_____

_____

_____

_____

_____

_____

_____

_____

_____

_____

_____

_____

_____

_____

_____

_____

_____

Mit freundlichen Grüßen
Jörg Jäger

1 c) Lesen Sie die Wetterprognosen und ordnen Sie die Wetterkarten den Texten zu.

1. Die nächsten Tagen bringen ein Gemisch aus Wolken und Sonne. Bei Temperaturen um die 19 Grad ist der Himmel morgen Vormittag noch in weiten Teilen Deutschlands bedeckt, doch gegen Mittag kommt immer mehr die Sonne durch. In der Nacht ist der Himmel bewölkt, und es herrschen Tiefstwerte von 10 Grad. Im Verlauf des Tages werden Höchstwerte von 18 bis 20 Grad erreicht.
Wetterkarte | b |

2. Heute werden im Verlaufe des Tages von Westen her Gewitter erwartet. Es kommt zu kräftigen Schauern und Sturmböen bis zu 90 km/h. Auch in der Nacht wird es regnen und erst morgen wird es langsam trockener. In der Nacht sinken die Temperaturen auf 12 Grad, im Laufe des Tages steigen sie auf 16 bis 18 Grad an.
Wetterkarte

3. Die Schneefälle werden auch in den nächsten Tagen nicht aufhören. Besonders im Süden und am Alpenrand ziehen weiterhin Wolken auf, die neuen Schnee bringen. In den Nächten sind die Temperaturen bei -5 Grad, tagsüber um die 0 Grad.
Wetterkarte

4. Morgen wird es durchgehend heiß und trocken bei Höchsttemperaturen bis zu 35 Grad. Gegen Abend ziehen im Süden Gewitter auf, die örtlich auch Hagelschauer bringen können. Die Nacht jedoch wird wieder klar und die Temperaturen sinken auf 21 Grad.
Wetterkarte

5. Das Tief „Oskar" bringt weiteren Dauerregen und in der Mitte Deutschlands drohen Orkanböen mit einer Spitzengeschwindigkeit von bis zu 120 km/h. An vielen Orten werden Unwetterwarnungen ausgegeben. An der Elbe wächst die Gefahr von Hochwasser. Für die Jahreszeit viel zu kühl.
Wetterkarte

6. Am Morgen ist der Himmel weitgehend bedeckt, im Laufe des Tages scheint jedoch immer häufiger die Sonne. Morgens und abends kommt es in den niedrigen Lagen zu Nebel. In der Nacht sinken die Temperaturen nahe 0 Grad, tagsüber werden 10 bis 12 Grad erreicht. Es weht leichter Wind aus Nordwest.
Wetterkarte

7. Die eisigen Temperaturen der letzten Tage werden sich auch über das Wochenende nicht ändern. Es bleibt trocken und es sind Tiefstwerte von -20 Grad, in den Bergen sogar bis -28 Grad zu erwarten. Tagsüber steigen die Temperaturen nicht über -15 Grad.
Wetterkarte

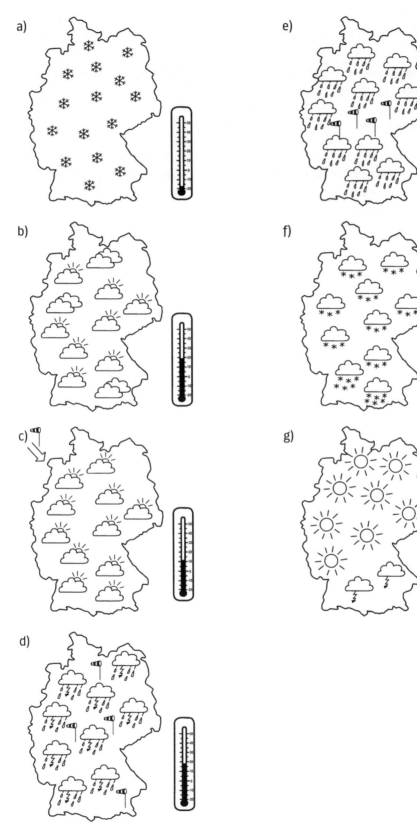

a)

b)

c)

d)

e)

f)

g)

H2 Biographie und Rezension

2 a) Lesen Sie die Biographie des Bayernkönigs Ludwig II. und kreuzen Sie an: Was ist richtig?

Ludwig II.

Ludwig II. wurde am 25. August 1845 in Schloss Nymphenburg geboren.

Er und sein Bruder Otto bekamen eine strenge Erziehung und hatten wenig Kontakt zu den Eltern Maximilian II. von Bayern und Marie von Preußen.

Zeitgenossen schreiben, dass Ludwig Kostüme, Theater und Bilder liebte. Er besaß eine starke Phantasie und war bereits in jungen Jahren ein Einzelgänger.

Ludwig war erst 18 Jahre alt, als er König wurde. Er war ohne Erfahrung in der Politik und schrieb später: „Ich bin überhaupt viel zu früh König geworden. Ich habe nicht genug gelernt."

1866 musste Bayern am Krieg gegen Preußen teilnehmen und verlor. Seitdem gab Preußen in der Außenpolitik die Richtung an und Ludwig musste gehorchen. Ende des Jahres reiste Ludwig das einzige Mal durch sein Königsreich. Dann ließ er seine Minister regieren und lebte einsam auf seinen Schlössern in seiner Phantasiewelt.

1867 verlobte Ludwig sich mit Sophie, der jüngeren Schwester der Kaiserin Elisabeth von Österreich. Die Hochzeit wurde vorbereitet, aber der König löste nach einigen Monaten die Verlobung wieder.

Manche Historiker denken, dass Ludwig mehr an Männern als an Frauen interessiert war, obwohl er für viele Frauen ein Idol war.

Ludwig baute sich eine „Gegenwelt", in der er seine Träume verwirklichen konnte. Er schlief tagsüber und lebte nachts, besuchte Theater- und Opernvorstellungen, die nur für den König allein aufgeführt wurden und liebte die Musik von Richard Wagner.

Für seine Schlösser Neuschwanstein, Hohenschwangau, Linderhof und Herrenchiemsee brauchte Ludwig riesige Mengen von Geld. Seine Regierung konnte das 1885 nicht mehr erlauben und erklärte den König für psychisch krank. Nun durfte er nicht mehr regieren und Ärzte und Psychiater passten auf ihn auf. Er wurde in Schloss Berg am Starnberger See gefangen gehalten.

Am 13. Juni 1886 starb er im Starnberger See – der Grund ist bis heute nicht geklärt. Sein Arzt wurde im See gefunden, er war auch ertrunken. Ludwigs Taschenuhr war allerdings um 18.54 Uhr stehengeblieben, die Uhr des Arztes aber erst um 20.10 Uhr ...

- ☐ Die Eltern Maximilian und Marie liebten Ludwig sehr, aber waren auch streng.
- ☒ Man sagt, dass Ludwigs Hobby das Theater war.
- ☐ Ludwig war schon als Kind und Jugendlicher viel alleine.
- ☐ Schon mit 18 Jahren wurde Ludwig König. Das hat ihm gut gefallen.
- ☐ Bayern hat gegen Preußen den Krieg verloren und musste dann in allen Entscheidungen Preußen folgen.
- ☐ Ludwig war oft auf Reisen durch Bayern.
- ☐ Die Politik hat Ludwig nicht sehr interessiert.
- ☐ Ludwig lebte mehr in seinen Träumen als in der Realität.
- ☐ Ludwig hat die Schwester von Kaisern Elisabeth von Österreich geheiratet.
- ☐ Die Frauen liebten Ludwig und er liebte die Frauen.
- ☐ Ludwig war oft im Theater und in der Oper und zeigte sich dem bayrischen Volk.
- ☐ Ludwig baute vier wunderbare Schlösser.
- ☐ Die Schlösser waren so teuer, dass Ludwigs Minister den König nicht mehr gehorchten. Sie erlaubten ihm nicht mehr, zu regieren.
- ☐ Er durfte Schloss Berg am Starnberger See nicht mehr verlassen.
- ☐ Ludwig und sein Arzt sind im Starnberger See gestorben.

2 b) Lesen Sie die Filmrezension und beantworten Sie die Fragen.

Gestern lief in den Lichtspielen am Karlsplatz der Thriller „Fische im Netz" an. Vom Publikum schon seit Wochen sehnsüchtig erwartet, waren die Karten bereits vor dem Filmstart ausverkauft.

War die Vorfreude berechtigt? Die Antwort auf diese Frage ist nicht leicht.

Starregisseur Reiner M. Reimann blieb sich bei der Besetzung (Maria Weniger als charmante *Melissa* und Helge Hasler überzeugend als *Butler*) und der Auswahl der Schauplätze treu und erfüllte damit die Erwartungen seiner Fans. Das Drehbuch, vom Regisseur selbst geschrieben, zeigt jedoch Schwächen. So werfen die Dialoge bereits zu Beginn der Handlung Fragen auf, die im weiteren Verlauf des Films nicht gelöst werden. Der Spannung wird gekonnt aufgebaut bis zur Begegnung von *Butler* und *Melissa* in der Bar, bekommt dann allerdings Längen. Die Handlung verliert mehr und mehr an Tempo und überrascht den Zuschauer erst gegen Ende mit einer völlig unerwarteten Wendung. Hier zeigt der Regisseur sein Können in gewohnter Brillanz. Und doch – trotz der fantastischen Filmmusik von Gap Walson verlassen viele Zuschauer am Ende sehr schnell das Kino und man kann so einige enttäuschte Gesichter sehen.

1. Ist der Regisseur gut?

☒ Der Regisseur ist berühmt und sehr gut.

☐ Der Regisseur ist nicht bekannt.

2. Wie ist das Drehbuch?

☐ Der Regisseur hat es selbst geschrieben, deshalb ist es gut.

☐ Es ist nicht so gut, denn es hat schwache Stellen.

3. Wie sind die Dialoge?

☐ Es werden Fragen gestellt, aber der Film gibt keine Antworten.

☐ Die Dialoge sind gut und spannend.

4. Ist die Handlung spannend?

☐ Es ist am Anfang spannend, aber dann wird es ein bisschen langweilig.

☐ Am Ende ist es sehr langweilig.

5. Wie ist die Filmmusik?

☐ Die Zuschauer sind von der Filmmusik enttäuscht.

☐ Die Filmmusik ist fantastisch.

6. Wie ist der Film insgesamt?

☐ Ein brillanter Film von einem Starregisseur muss gut sein.

☐ Das Publikum hat viel erwartet, ist aber ein wenig enttäuscht.

H3 ... und ein bisschen Poesie!

Ein „Elfchen" ist eine kleine Gedichtform aus elf Wörtern. In der ersten Zeile befinden sich zwei Wörter, in der zweiten Zeile drei Wörter, in der dritten vier Wörter und in der letzten wieder zwei Wörter. Das ist poetisch, auch wenn die Wörter am Ende nicht gleich klingen. Schreiben Sie aus den Wörtern im Schüttelkasten Elfchen wie im Beispiel:

graue Wolken
hängen am Himmel
schwer fällt nasser Schnee
ich friere

1.
die Blumen
_____
_____
_____

> Tisch · ich · ~~die~~ · auf · lächle · ~~Blumen~~ · dem · süß · Sommer · nach · duften

2.
die Katze
_____
_____
_____

> tödliches · ~~die~~ · das · jagt · Spiel · ~~Katze~~ · Gras · durch · die · hohe · Maus

3.
der Ring
_____
_____
_____

> für · du · ~~Ring~~ · er · willst · dich · ist · dich · fragen · ~~der~~ · soll

4.
weiße Segel
_____
_____
_____

> ~~Segel~~ · dem · da · ~~weiße~~ · Meer · wie · über · draußen · gern · wäre · ich

Letzter Lerntipp:
Spielen Sie mit den Wörtern – Sie werden sehen, wie schön die deutsche Sprache sein kann! Nicht nur schwer ...!

Lösungen

A. Ich und du

A1

A1a)
Name:	Veronika Ziegler
Alter:	19 Jahre
Wohnort:	München
Nationalität:	–
Familienstand:	ledig (Single)
Beruf:	Fremdsprachen-korrespondentin
Hobbys:	Reisen, Joggen, Volleyball spielen, Klavier spielen
Haustiere:	ein Hund

A1b) (...) Mein Name <u>ist</u> <u>Luigi</u> <u>Perselli</u>. Ich komme aus <u>Italien</u> und ich wohne <u>in</u> <u>Lecce</u>. Ich <u>bin</u> 21 <u>Jahre</u> alt. Natürlich bin <u>ich</u> noch <u>ledig</u>. An der Universität in Lecce <u>studiere</u> ich Philosophie. Meine Hobbys <u>sind</u> Klavier <u>spielen</u>, <u>Surfen</u> und <u>Lesen</u>. Ich <u>habe</u> sogar zwei Haustiere, zwei <u>Katzen</u>. Sie <u>heißen</u> Minka und Minouch. (...)

<u>Liebe</u> Veronika,
(...) Ich <u>heiße</u> Renée Chabon und komme <u>aus</u> <u>Frankreich</u>. Seit drei Jahren lebe ich in <u>Paris</u>. Ich bin 26 <u>Jahre</u> <u>alt</u>. Ich bin verheiratet, aber ich habe noch <u>keine</u> <u>Kinder</u>. Ich bin <u>Lehrerin</u> für Deutsch und Sport. Ich liebe <u>Motorradfahren</u>, <u>schwimme</u> gern und höre gern <u>Jazzmusik</u>. Und ich habe ein ungewöhnliches <u>Haustier</u>: einen Papagei! (...) Ich <u>freue</u> mich <u>auf</u> deine Antwort! <u>Viele</u> <u>Grüße</u> (...)

A1c)

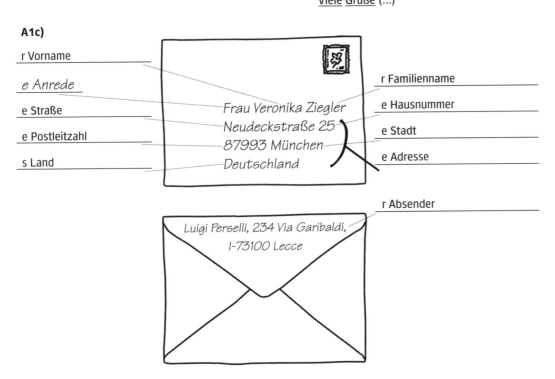

r Vorname
e Anrede
e Straße
e Postleitzahl
s Land

Frau Veronika Ziegler
Neudeckstraße 25
87993 München
Deutschland

r Familienname
e Hausnummer
e Stadt
e Adresse

r Absender

Luigi Perselli, 234 Via Garibaldi,
I-73100 Lecce

A2

A2a)

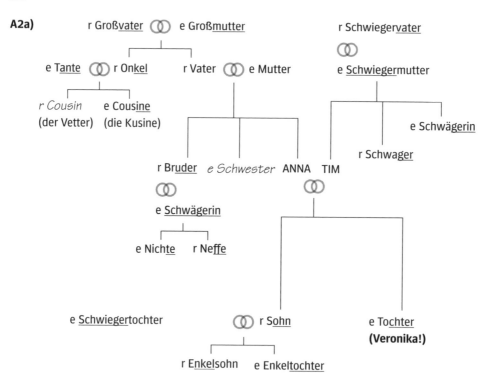

A2b) Mein Vater heißt Tim. <u>Mein Vater</u> ist 58 Jahre alt und <u>der Beruf von meinem Vater</u> ist Arzt. Wir, also mein Bruder Wolfgang und ich, haben immer viel <u>mit meinem Vater</u> gemacht: Ski fahren, segeln, reiten – <u>mein Vater</u> hat <u>meinem Bruder und mir</u> viele tolle Sachen gezeigt!
Wolfgang ist viel älter als ich. <u>Wolfgang</u> ist 29 und schon verheiratet. <u>Wolfgangs Frau</u> Ella und <u>Wolfgang</u> haben Zwillinge! <u>Die Zwillinge</u> sind noch klein, erst 10 Monate alt. <u>Die Namen von den Zwillingen</u> sind Markus und Mareike. Mein Bruder und seine Frau haben viel Arbeit, aber auch viel Spaß <u>mit den Zwillingen</u>.
Wolfgang arbeitet in einer Bank, und <u>Wolfgangs Frau</u> ist Kindergärtnerin – aber im Moment hat meine Schwägerin ihren eigenen kleinen Kindergarten ... Ich mag <u>meine Schwägerin</u> und mache gern etwas <u>mit meiner Schwägerin</u>, wenn <u>meine Schwägerin</u> Zeit hat!

Meine Mutter heißt Anna und <u>der Beruf von meiner Mutter</u> ist Apothekerin. Als mein Bruder und ich klein waren, hat <u>meine Mutter</u> nur halbtags gearbeitet und hatte immer Zeit <u>für meinen Bruder und mich</u>. Jetzt arbeitet <u>meine Mutter</u> mehr, denn <u>der Beruf von meiner Mutter</u> macht <u>meiner Mutter</u> Spaß.
Natürlich habe ich noch Tante und Onkel, Cousin und Cousine – aber wenn ich dir jetzt auch noch von <u>Tante und Onkel, Cousin und Cousine</u> erzähle, wird das ein bisschen viel. Vielleicht lernst du meine Familie ja eines Tages kennen? Das wäre toll, wenn du <u>mich und meine Familie</u> einmal besuchen könntest (...)

2c) Mein Vater heißt Tim. **Er** ist 58 Jahre alt und **sein Beruf** ist Arzt. Wir, also mein Bruder Wolfgang und ich, haben immer viel **mit ihm** gemacht: Ski fahren, segeln, reiten – **er** hat **uns** viele tolle Sachen gezeigt!

Wolfgang ist viel älter als ich. **Er** ist 29 und schon verheiratet. **Seine Frau** Ella und **er** haben Zwillinge! **Sie** sind noch klein, erst 10 Monate alt. **Ihre Namen** sind Markus und Mareike. Mein Bruder und seine Frau haben viel Arbeit, aber auch viel Spaß **mit ihnen**. Wolfgang arbeitet in einer Bank, und **seine Frau** ist Kindergärtnerin – aber im Moment hat meine Schwägerin ihren eigenen kleinen Kindergarten ... Ich mag **sie** und mache gern etwas **mit ihr**, wenn **sie** Zeit hat! Meine Mutter heißt Anna und **ihr Beruf** ist Apothekerin. Als mein Bruder und ich klein waren, hat **sie** nur halbtags gearbeitet und hatte immer Zeit **für uns**. Jetzt arbeitet **sie** mehr, denn **ihr Beruf** macht **ihr** Spaß. Natürlich habe ich noch Tante und Onkel, Cousin und Cousine – aber wenn ich dir jetzt auch noch von **ihnen** erzähle, wird das ein bisschen viel. Vielleicht lernst du meine Familie ja eines Tages kennen? Das wäre toll, wenn du **uns** einmal besuchen könntest (...)

A3

A3a) Karla ist geschieden.
Max ist verliebt.
Jens ist ledig.
Martha ist verlobt.
Irmi ist verwitwet.
Christian ist verheiratet.
Lotte und ihr Freund wohnen getrennt.

A3b) (3.) Geliebte Dorothee,
seit der Party letztes Wochenende (7.) muss ich immer an Dich denken. Es war ein so wunderbarer Abend mit Dir! Beim Tanzen mit Dir habe ich (1.) die Welt um uns herum vergessen. Dein fröhliches Lachen, Deine strahlenden Augen und (10.) Deine warme Stimme haben mich ganz gefangen. Ich kann mich nicht mehr auf meine Arbeit konzentrieren, kann nichts (4.) mehr essen und zähle nur die Stunden, bis wir uns wiedersehen.
Ich hoffe so sehr, dass auch Du (8.) gern an mich denkst. So viele Dinge gibt es, die ich Dir erzählen möchte, und so vieles (2.) möchte ich von Dir wissen! Schenk mir doch ein bisschen Zeit, (6.) damit wir uns besser kennenlernen können.

Bitte ruf mich an! Ich habe Dir meine Handynummer gegeben, (11.) aber vielleicht hast Du sie verloren. Hier ist sie noch einmal: 0161/5 67 92 41.
Wenn ich daran denke, dass ich (5.) vielleicht bald Deine liebe Stimme höre, habe ich Schmetterlinge im Bauch.
Ich warte auf Dich!
(9.) Dein schrecklich verliebter Max

A3c) a) 1 b) 3 c) 2 d) 5 e) 4 f) 6

A3d) 1. Er sucht sie! Du bist 1,70 m groß, schlank und hast lange braune Haare und grüne Augen. Du liest gern und liebst klassische Musik. Möchtest du mit mir Konzerte besuchen und über Literatur sprechen? Ich bin 50 Jahre alt, sportlich und ein dunkler Typ mit schwarzen Haaren und braunen Augen. Ich freue mich auf einen Brief von dir!

2. Hübsche, schlanke und fröhliche 30-Jährige sucht Lebenspartner! Ich mache gern Sport, liebe Bergsteigen und Wandern und möchte mit einem netten Mann lachen und das Leben genießen. Du magst Kinder und Tiere, bist groß und schlank, liebst Sport und das Leben? Ruf mich an!

3. Du bist zwischen 40 und 60 Jahre alt, klein und dick und isst gern? Du magst keine Fitnessstudios? Dann passt du gut zu mir! Ich koche für dich und wir sitzen am Abend gemütlich auf dem Sofa. Ich möchte deine Traumfrau sein!

4. Ich heiße Bernd und bin 23 Jahre alt. Ich bin Fan von FC Bayern München, spiele am liebsten am Computer und chatte gern mit Freunden im Internet. Wenn du zwischen 18 und 23 Jahre alt bist, mit mir ins Stadion gehen oder mich online treffen möchtest, dann schreib mir eine Mail an bazi@online.de.

A4

A4a) 1. Renate und Kai haben einen Sohn bekommen. Benjamin ist ihr erstes Kind.
2. Jens und Stephanie heiraten am 4. Juni.
3. Ernst und Charlotte haben geheiratet.
4. Beate und Bernd sind glücklich über die Geburt ihrer Tochter Marilena. Marilena hat am ersten April Geburtstag.
5. –
6. Linda und Philipp waren schon einmal verheiratet.

A4b) (...) Freitag Abend war bei Jens' Eltern der <u>Polterabend</u>. Wir haben eine ganze Menge altes <u>Geschirr</u> zerschlagen, also muss unsere <u>Ehe</u> doch glücklich werden!
Samstag Vormittag war die <u>Trauung</u> auf dem <u>Standesamt</u>. (...)Unsere Freunde Gitta und Hans waren die <u>Trauzeugen</u>. (...) dass Jens mir den <u>Ring</u> ganz leicht anstecken konnte (...) Dann hat es im Gasthof Eber einen kleinen <u>Sektempfang</u> gegeben, und dann mussten wir uns schon umziehen für die Kirche.
(...) Mein <u>Hochzeitskleid</u> war ganz weiß mit kleinen rosa Blüten (...)
In der <u>Kirche</u> hat mich mein Vater zum <u>Altar</u> geführt. Frag mich nicht, was der <u>Pfarrer</u> gesagt hat, irgendwie war ich wie im Traum. Vor der Kirche haben wir noch ein <u>Hochzeitsfoto</u> mit allen gemacht, das schicke ich dir mit! Als ich den <u>Brautstrauß</u> über meine Schulter geworfen habe, hat meine kleine Schwester ihn gefangen! (...)Zuerst wollte ich ja immer ein großes Fest, mit riesiger <u>Hochzeitstorte</u> und so, aber dann war ich eigentlich sehr froh, dass wir gleich auf unsere <u>Hochzeitsreise</u> gegangen sind. Dann gab es nur noch Jens und mich, und erst ganz langsam haben wir verstanden, dass wir jetzt ein <u>Ehepaar</u> sind!
(...)

A4c) 1. Liebe Beate, lieber Bernd,
zur Geburt eurer Tochter Marilena gratuliere ich euch von Herzen!
Ich wünsche euch viel Freude mit ihr, und der Kleinen wünsche ich ein zufriedenes und glückliches Leben.
Mit herzlichen Grüßen
Tante Gerda

2. Liebe Stefanie, lieber Jens,
für euren gemeinsamen Lebensweg wünschen wir euch alles erdenklich Gute, viel Glück und Segen. Bleibt so verliebt wie Ihr heute seid!
Eure Familie Wagner

3. Geliebter Opa,
wir gratulieren dir ganz herzlich zu deinem Geburtstag und wünschen dir auch noch für die nächsten 50 Jahre alles Liebe, Frohsinn und Gesundheit!
Herzliche Geburtstagsgrüße

4. Liebes Jubelpaar,
zu eurer Goldenen Hochzeit gratuliere ich euch ganz herzlich! Eure weiteren gemeinsamen Lebensjahre sollen Euch viel Freude bringen. Bleibt gesund und behaltet immer euren Humor! *(oder: Bleibt gesund ... Eure weiteren ...)*
Euer Hans (der euch bewundert für 50 Jahre glückliche Ehe!)

B. Zu Hause

B1

B1a) *senkrecht:*
Schwimmbad, Vorhang, Bett, Schrank,
Flur, Sessel, Bad, Regal, Küche, Kaution,
Vermieter

waagrecht:
Schreibtisch, möbliert, Balkon, Sofa, Miete,
Teppich, Esszimmer, Dach, Lampe, Treppe,
Keller

S	C	H	R	E	I	B	T	I	S	C	H	F	W	T	A
E	I	V	W	M	D	H	O	F	A	K	N	A	S	R	B
L	V	E	I	F	L	A	R	S	C	A	E	R	A	E	L
M	O	E	B	L	I	E	R	T	K	U	E	B	R	I	A
S	R	D	E	U	F	Q	E	P	G	T	P	H	R	C	M
C	H	H	T	R	I	U	G	X	B	I	B	Z	D	V	N
H	A	T	T	U	K	B	A	L	K	O	N	Y	U	Q	K
W	N	U	E	N	R	A	L	A	U	N	G	R	T	S	O
I	G	E	R	N	A	D	M	T	E	I	P	K	G	H	M
M	B	I	O	S	O	F	A	R	C	V	K	F	E	I	L
M	I	E	T	E	P	P	I	C	H	E	E	I	I	E	A
B	L	E	S	S	Z	I	M	M	E	R	R	E	L	N	N
A	S	H	C	S	E	P	E	N	A	M	N	X	Q	V	R
D	A	C	H	E	K	T	Z	V	X	I	A	I	H	W	Z
N	K	O	R	L	A	M	P	E	Z	E	R	D	M	Q	U
U	L	K	A	E	M	Y	U	G	W	T	R	E	P	P	E
T	Z	L	N	V	W	H	A	U	K	E	E	B	Q	M	P
X	Z	O	K	E	L	L	E	R	U	R	N	R	H	E	L

B1b) 1. a) Ein großer Garten (mit hohen alten Bäumen und vielen Blumen).
b) Ein Schlafzimmer unter dem Dach mit einem eigenen Bad.
c) Das Wohnzimmer, die Küche und die Kinderzimmer.

2. a) Die Lage. (an einem See oder am Meer. Er möchte aufs Wasser schauen können.)
b) Für Besuch.
c) Er liebt es, von der Badewanne aus nach draußen schauen zu können.

3. a) Das ist zu viel Arbeit.
b) Im Stadtzentrum.
c) Klare Linien und moderne Formen.

4. a) Weil er ein bisschen Probleme mit seinen Knien hat und nicht gern Treppen geht.
b) Mit hellen Holzmöbeln.
c) Auf einer kleinen Bank vor dem Haus.

B2

B2a) 1. 3-Zimmer-Wohnung, 75 Quadratmeter, Einbauküche, Bad, Balkon, Garage, ruhige Lage, 750 Euro zuzüglich Nebenkosten, Kaution 2,3 Monatsmieten

2. 1-Zimmer-Appartement, 25 Quadratmeter, möbliert, Mansarde, Ölheizung, sofort, Nichtraucher, 380 Euro inklusive

3. Nachmieter gesucht! Doppelhaushälfte, Wohnfläche 150 Quadratmeter, Gartenanteil, Garage, Gas-Heizung, zentral, befristeter Mietvertrag, Warmmiete 1150 Euro, provisionsfrei

4. 4-Zimmer, Küche, Bad, 120 Quadratmeter, Altbau, Baujahr 1890, renoviert, Rückgebäude, Dachterrasse, Öl-Zentralheizung, 1700 Euro Kaltmiete zuzüglich 250 Euro Nebenkosten

5. Reihenmittelhaus, Neubau, ausgebautes Dachgeschoss, 120 Quadratmeter Wohnfläche, direkt vom Vermieter ab September, 1450 Euro Kaltmiete

B2b) 1. e) 2. j) 3. g) 4. a) 5. k) 6. b) 7. c) 8. l)
9. d) 10. n) 11. f) 12. m) 13. h) 14. i)

B2c) Sehr geehrter Herr Senkir,
(...) Damit Sie uns ein bisschen besser
<u>kennenlernen</u> können, schreiben wir Ihnen
diesen Brief, denn wir sind sehr <u>interessiert</u>
an dem Haus.
Wir haben vor drei Monaten geheiratet und
nun <u>bekomme</u> ich ein Baby. Deshalb suchen
wir ein Haus mit einem <u>Garten</u>! Außerdem
liebe ich <u>Gartenarbeit</u>. Mein Mann hat auch
praktisches Talent und kann gut kleinere
Sachen am Haus selbst <u>reparieren</u>.
Momentan sind wir beide noch <u>berufstätig</u>.
Mein Mann arbeitet seit etwa 10 Jahren als
<u>Bauzeichner</u> in einem großen Architektur-
büro und hat ein gutes regelmäßiges
<u>Einkommen</u>. Ich bin Bibliothekarin und
möchte nach der <u>Geburt</u> unseres Kindes
ein halbes Jahr Pause machen. Später
möchte ich wieder <u>halbtags</u> arbeiten.
Wir haben bisher kein <u>Haustier</u>, hätten aber
später gern eine Katze.
Wichtig ist uns ein guter Kontakt zu den
<u>Nachbarn</u>. Gerne können sie sich bei
unserem aktuellen <u>Vermieter</u> über uns
informieren. Ich gebe Ihnen seine Adresse
und Telefonnummer.
Wir wären wirklich glücklich, wenn wir die
neuen <u>Mieter</u> von Ihrem hübschen Haus sein
dürften!
Für weitere <u>Informationen</u> stehen wir
natürlich gern zu Ihrer Verfügung.
Wir hoffen auf eine positive <u>Antwort</u> und
verbleiben mit freundlichen Grüßen
Stefanie und Jens Steinhauser

B3

B3a) 1. Hier schreibt der Vermieter seinen Namen
und seine Adresse rein.
2. Hier schreibt der Mieter seinen Namen
und seine alte Adresse rein.
3. Hier schreibt der Vermieter die Räume
rein, die er vermieten möchte.
4. Der Vermieter zählt die Schlüssel und
möchte am Ende der Mietzeit alle wieder
zurück bekommen.
5. Die Quadratmeter beschreiben, wie groß
die Räume sind, in denen man wohnen
kann.
6. Der Vermieter sagt, wann der Mieter einziehen darf, aber es gibt kein Ende der
Mietzeit.
7. Hier schreibt der Vermieter, wie lange er
die Miete nicht höher macht.
Hier sieht der Mieter, wie hoch die
Nebenkosten sind.
8. Der Mieter muss für die Nebenkosten
jeden Monat dieselbe Summe zahlen,
aber am Ende des Jahres kommt die
genaue Endrechnung.
9. Der Mieter kann mit Familienmitgliedern
in der Wohnung leben, wenn sie nicht zu
voll wird.
10. Der Mieter muss den Vermieter um
Erlaubnis fragen, wenn er Haustiere
halten möchte.
11. Hier kommt rein, wer die Blumen
pflegen und den Rasen schneiden soll.
12. Wenn der Mieter ausziehen möchte,
muss er das dem Vermieter sagen
und noch 3 Monate weiter die Miete
bezahlen. Er kann dem Vermieter aber
auch einen neuen Mieter bringen, der
alles übernimmt.
Der Vermieter muss den Mieter noch
3 Monate im Haus lassen, auch wenn
er ihn nicht mehr als Mieter möchte,
nach 5 Jahren Mietzeit ist es sogar
ein halbes Jahr.
13. Hier können Mieter und Vermieter
noch weitere Dinge besprechen und
aufschreiben.

B3b)

Wohnungs-Mietvertrag *(Teil 1)*

1. Der (Die) Vermieter
   wohnhaft in

   Fam. Senkir
   Tulpenweg 7,
   86150 Augsburg

2. und der (die) Mieter

   Jens und Stefanie
   Steinhauser,
   Rosenstraße 3,
   86773 Penzberg

schließen folgenden Mietvertrag:

§ 1 Mieträume

Im Haus _Vogelstraße 14, 80334 München_
(Ort, Straße, Haus-Nr., Etage)

3. werden folgende Räume vermietet:
   _4_ Zimmer, _1_ Küche/Kochnische, _3_ Bad/Dusche/WC,
   _1_ Bodenräume/Speicher, _2_ Kellerräume,
   _–_ Garage/Stellplatz, _1_ Garten

4. Dem Mieter werden vom Vermieter für die Mietzeit ausgehändigt:
   _3_ Haus-, _–_ Wohnungs-, _–_ Zimmer-; _–_ Boden-/Speicher-, _–_ Garagen-Schlüssel.

5. Die Wohnfläche beträgt _120_ qm.

§ 2 Mietzeit

6. Das Mietverhältnis beginnt am: _____01.09.2011_____, es läuft auf
   unbestimmte Zeit.

§ 3 Miete

Die Miete beträgt monatlich: _1250_ Euro.
in Worten: _____(ein)tausendzweihundert(und)fünfzig Euro._____ Euro.

7. Die Vertragsparteien vereinbaren, dass die Miete für den Zeitraum von _3_ Jahren
   nicht erhöht wird. Zusätzlich zur Miete bezahlt der Mieter für Heizung und Warmwasser eine Vorauszahlung in Höhe von _180_ Euro monatlich, für Wasserversorgung, Entwässerung, Müllabfuhr _———_ (weitere Betriebskosten werden
   hier eingetragen) eine Vorauszahlung in Höhe von _70_ Euro monatlich.

8. Über die Vorauszahlungen wird jährlich abgerechnet. Der Gesamtbetrag der Miete
   in Höhe von monatlich _1500_ Euro ist auf das Konto des Vermieters zu zahlen.

Wohnungs-Mietvertrag *(Teil 2)*

(...)

11. **§ 6 Gartennutzung**

Der Mieter darf den zum Haus gehörenden Garten nutzen.
Die Pflege des Gartens übernimmt der ☒ Mieter ☐ Vermieter

(...)

13. **§ 8 Sonstige Vereinbarungen:**

Mieter dürfen eine Katze halten und im Garten eine Schaukel aufstellen.

B4

B4a) 1. Hallo, ihr Lieben! Jetzt ist es 15 Uhr, bin kurz beim Einkaufen. Später koche ich für uns, wir können dann um 19 Uhr essen. Barbara, könntest du noch das Geschirr abwaschen? Danke! Bis später, Peter

2. Guten Morgen! Ich musste heute schon ganz früh in die Uni. Warmer Kaffee steht noch auf dem Herd. Wir sehen uns heute Abend. Schönen Tag, ihr beiden! Veronika

3. Ihr Diebe! Wer hat schon wieder meinen Lieblingsjoghurt gegessen? Wenn ich heute Abend nach Hause komme, möchte ich im Kühlschrank mindestens drei Becher Bananenjoghurt finden!!! Eure hungrige Barbara

4. Barbara! Ich habe die ganze letzte Woche das Geschirr gespült. Findest du nicht auch, dass du das mal machen könntest? Und das Bad sieht auch furchtbar aus. Wir müssen am Samstag zusammen putzen! Veronika

5. Veronika! Lorenz hat angerufen, er ist da! Er bleibt bis zum Wochenende in München. Du sollst ihn zurückrufen. Seine Telefonnummer ist 089/7605983. Er möchte dich zum Spargelessen einladen ... ;0) Barbara

6. Hi, Peter! Deine Mutter hat schon dreimal versucht dich zu erreichen. Ich soll dir ausrichten, deine Wäsche ist fertig gewaschen und gebügelt, du kannst sie abholen. (So eine Mutter hätte ich auch gern, du Faultier!) Veronika

B4b) *Lösungsvorschlag:*
1. (...) für alle kochen. (...) 19 Uhr essen. (...) Barbara das Geschirr abwäscht.
2. (...) ganz früh in die Uni. (...) warm und steht auf dem Herd. (...) heute Abend. (...) einen schönen Tag.
3. (...) ihren Lieblingsjoghurt gegessen hat. (...) im Kühlschrank (...) drei Becher Bananenjoghurt finden. (...) hungrig.

4. (...) sie die ganze letzte Woche das Geschirr gespült hat. (...) Barbara es auch mal machen könnte. (...) das Bad schrecklich aussieht. (...) sie am Samstag zusammen putzen.
5. (...) er da ist (...) zum Wochenende in München bleibt. (...) ihn anrufen. (...) Telefonnummer (...) zum Spargelessen (...).
6. (...) hat schon dreimal versucht ihn zu erreichen. (...) ihm ausrichten, (...) seine Wäsche fertig gewaschen und gebügelt ist (...) sie abholen kann.

B4c) Liebe Hausbewohner,
am Sonntag, den 30. August, feiern wir in unserem Hinterhof ab 17 Uhr ein Sommerfest. Alle Nachbarn sind herzlich dazu eingeladen. Bitte stellen Sie Ihre Fahrräder auf die Straße, damit wir genug Platz haben. Biertische und Bierbänke stellt der Hausmeister auf. Vielleicht helfen ihm ein paar Jugendliche, sie aus dem Keller zu tragen? Auch ein Grill ist vorhanden, wenn Sie Würstchen oder Fleisch grillen möchten. Getränke bringt bitte jeder selbst mit. Willkommen sind auch Leute, die Musikinstrumente spielen können! Hoffen wir auf einen warmen Sommerabend! Viele Grüße Von Ihrer Familie Grober

B4d) 1. Der Kaminkehrer/Schornsteinfeger muss in den Heizungskeller gehen.
2. Der Hausmeister hat im Papiermüll Glas gefunden. Das erlaubt die Müllabfuhr nicht.
3. Der Fachmann für die Jahresablesung kommt am 20.11. zwischen 7 Uhr und 8 Uhr.
Wenn ich nicht da bin, hänge ich einen Zettel an die Wohnungstür, dass mein Nachbar den Schlüssel hat.

B5

B5a) 2. k) 3. a) 4. m) 5. b) 6. l) 7. c) 8. d) 9. n) 10. f) 11. g) 12. h) 13. q) 14. i) 15. j) 16. s) 17. o) 18. p)

B5b)

Anmeldung

Tag des Einzugs:	*01.09.2011*
Neue Wohnung:	Vogelstraße 14, 80334 München
Bisherige Wohnung*:	Rosenstraße 3, 86773 Penzberg
PLZ:	80334
Nebenwohnung:	—

* Bei Zuzug aus dem Ausland, letzte Anschrift in Deutschland.

Die Anmeldung bezieht sich auf folgende Personen:

	Familienname (Ehename) (ggf. auch abweichende Geburtsnamen)	Vorname(n) (Rufname unterstreichen)	Geburtsdatum (Tag – Monat – Jahr)	Geschlecht
1	Steinhauser	<u>Jens</u> Maximilian	02.01.1977	männl.
2	Steinhauser (Müllenhauer)	<u>Stefanie</u> Sieglinde	05.07.1979	weibl.
3	Steinhauser	Elisabeth	20.09.2011	weibl.

	Geburtsort	Familienstand (seit: Tag – Monat – Jahr)	Ort der Eheschließung / Begründung der Lebenspartnerschaft
1	Hamburg	verheiratet (04.06.2011)	Rothenburg
2	Heidelberg	verheiratet (04.06.2011)	Rothenburg
3	München	ledig	

	Staatsangehörigkeit(en)	Religion
1	deutsch	EV (evangelisch)
2	deutsch	RK (römisch-katholisch)
3	deutsch	RK (römisch-katholisch)

Personalausweis / Pass:

	Art	Ausstellungsbehörde	Ausstellungsdatum (Tag – Monat – Jahr)	Gültig bis (Tag – Monat – Jahr)
1	Personal-ausweis	Gemeindeamt Penzberg	3.12.2008	12/2018
2	Personal-ausweis	Meldebehörde Heidelberg	9.9.2007	09/2017

Ort, Datum	Unterschrift der/des Meldepflichtigen

C. Kochen oder Essen gehen?

C1

C1a) *Es fehlen:* 5 Flaschen Weißwein, 1 Kiste Mineralwasser, 5 Liter Orangensaft, 10 Brezen, 500 g geschnittener Schinken, 2 Gurken, 1 Packung Servietten
Jens hat falsch gekauft: 5 Flaschen Sekt, 1 Kiste Orangensaft, 5 Liter Apfelsaft, 10 Brötchen, ein Stück Schinken, 2 Paprika, 1 Packung Küchenrollen

Jens hat zu viel gekauft: 1 Tüte Paprikachips, 2 Köpfe Salat, 2 Tafeln Schokolade

C1b) 2. den Tee, 3. die Pfanne, 4. die Nudeln, 5. einen Fisch, 6. eine Karotte, 7. das Gesicht, 8. Essig, 9. das Fleisch, 10. Kuchen

C1c) 2. schneidet 3. Streifen 4. schält 5. schneidet 6. Stücke 7. schält 8. Scheiben 9. gibt hinein 10. rührt 11. gießt 12. stellt 13. reibt 14. Ringe 15. legt 16. bedeckt

C1d) (...) 2 Zwiebeln (<u>fein gehackt</u>) → paar Minuten <u>anbraten</u>, 1 l Gemüsebrühe <u>dazugeben</u> 1 Kartoffel (<u>gerieben</u>) + 1 Banane (in <u>Scheiben</u> geschnitten) → (...) Curry, Salz, Pfeffer <u>dazugeben</u> + 1/8 l Sahne <u>einrühren</u>

C2

C2a) 2. Kneipe „Bei Elsa". 3. Gasthaus „Zum Hirschen". 4. Restaurant „Barbarossa". 5. Restaurant „Toulouse".

C2b) 2. hübsch/gemütlich 3. freundliche 4. gemütliche/hübsche 5. romantisches 6. leckere/köstliche 7. frischen 8. gutes 9. köstlich/lecker 10. reiches 11. alte 12. Liebe

D. Hübsch, fit und gesund

D1

D1a) 2. Gesichtscreme 3. Duschgel 4. Körperlotion 5. Badezusatz 6. Deospray

D1b) b) 4. c) 3. d) 6. e) 5. f) 1.

D1c) b) Die Körperlotion ist ein natürliches Produkt. c) Das Duschgel pflegt und erfrischt die Haut. d) Man benutzt das Deo nur einmal am Tag. e) Der Badezusatz beruhigt und entspannt. f) Zuerst gibt man das Shampoo auf die Haare, dann wäscht man es wieder mit Wasser ab.

D2

D2a) *Lösungsvorschlag:*

Person	Problem	Ratschlag
Nathalie	ist müde, möchte schlafen, kann sich nicht konzentrieren	viel frisches Obst und Gemüse essen, Sport machen (jeden Tag eine halbe Stunde spazieren gehen oder regelmäßig Gymnastik machen)
Petra	hat oft Kopfschmerzen, kann nicht gut einschlafen	frische Luft und Bewegung, genug trinken, Termin beim Augenarzt machen
Karla	ist oft erkältet	Immunsystem stärken, sich nicht zu warm anziehen, jeden Morgen warm und kalt duschen, in die Sauna gehen
Vera	ist nervös, kann nicht ruhig schlafen (und ist am nächsten Tag müde)	weniger Kaffee trinken (eine Woche gar keinen Kaffee trinken, die nächste nur eine Tasse am Tag)

D2b) 2. Mach doch/vielleicht eine Pause und ruh dich aus! 3. Dusch doch/vielleicht jeden Morgen warm und kalt! 4. Trink doch/vielleicht weniger Kaffee! 5. Iss doch/vielleicht keine Süßigkeiten mehr und mach viel Sport! 6. Mach doch/vielleicht Urlaub und erhol dich! 7. Hör doch/vielleicht mit dem Rauchen auf!

D3

D3a)

Fragebogen

Name: _Sonneck_
Vorname: Walter
Geburtsdatum: 3.8.1977
Adresse: Schillerstraße 47, Frankfurt am Main
Telefon: 069/56931102
Mobiltelefon: 0172/44381192

Arbeitgeber: Frankfurter VT-Bank
Beruf: Anlageberater

Krankenversicherung: Betriebskrankenkasse BKB
Hausarzt: Dr. Meibacher, Königsplatz 12

1. Besteht eine Schwangerschaft? ☐ ja ☒ nein

2. Nehmen Sie regelmäßig Medikamente? ☐ ja ☒ nein
   Wenn ja, welche? _____

3. Sind Sie schon einmal operiert worden? ☒ ja ☐ nein
   Wenn ja, was für eine Operation? Blinddarm

4. Leiden Sie an einer chronischen Erkrankung? ☐ ja ☒ nein
   Wenn ja, was für eine Erkrankung? _____

5. Leiden Sie an einer infektiösen Erkrankung ☐ ja ☒ nein
   (TBC, HIV, Hepatitis, etc.)?
   Wenn ja, was für eine Erkrankung? _____

6. Gibt es in Ihrer Familie schwere Erkrankungen? ☒ ja ☐ nein
   Wenn ja, welche? Lungenkrebs (Großvater)

7. Leiden Sie an Allergien? ☒ ja ☐ nein
   Wenn ja, welche? Nüsse

8. Rauchen Sie? ☐ ja ☒ nein

9. Trinken Sie oft Alkohol? ☐ ja ☒ nein

10. Gehen Sie regelmäßig zum Arzt? ☐ ja ☒ nein

D3b) 2. i) 3. a) 4. j) 5. c) 6. d) 7. g) 8. h) 9. b) 10. f)

E. Lernen und Beruf

E1

E1a) 2. e) Theodorakis 3. a) Franz 4. d) Herbert
5. f) Elisabeth 6. c) Frieda

E1b) a) meiner, lese ich, besuche, reise
b) fotografiere, habe ich, ich habe
c) Ich bin, habe, meinen, war ich, habe ich mich
d) Ich bin, mache, war ich, mir, mich, meine
e) Ich habe, Meine, mir, ich hatte, ich möchte
f) Ich interessiere mich, lese ich, ich ärgere mich, ich verstehe

E2

E2a)

A	W	E	I	T	E	R	B	I	L	D	U	N	G	I	U
S	S	D	F	E	G	H	G	J	K	L	A	R	A	P	O
C	Q	W	E	I	R	T	Z	A	B	I	T	U	R	Z	U
H	Y	X	C	L	A	C	V	B	E	B	N	M	B	A	S
U	S	D	F	Z	N	F	G	H	W	H	J	K	E	K	S
L	Q	A	Y	E	G	W	S	Z	E	U	G	N	I	S	C
A	W	P	Y	I	E	A	Z	L	R	T	C	H	T	E	H
B	S	O	X	T	S	S	T	K	B	G	D	Z	S	T	I
S	X	I	C	S	T	U	D	I	U	M	E	T	A	I	C
C	E	K	V	T	E	D	R	J	N	H	V	P	M	L	H
H	R	J	B	E	L	F	E	H	G	G	F	R	T	N	T
L	T	H	N	L	L	E	B	E	N	S	L	A	U	F	A
U	Z	G	G	L	T	G	W	G	R	U	R	K	R	O	R
S	U	F	H	E	A	H	Q	F	F	J	B	T	F	R	B
S	P	R	A	C	H	K	E	N	N	T	N	I	S	S	E
S	I	D	J	O	I	J	B	D	V	K	G	K	V	E	I
S	E	L	B	S	T	A	E	N	D	I	G	U	C	H	T
D	Z	S	U	F	G	K	V	S	U	L	T	M	D	E	M

E2b) 2. Teilzeitstelle 3. Schulabschluss
4. Bewerbung 5. selbständig 6. Studium
7. Sprachkenntnisse 8. Zeugnis
9. Arbeitsamt 10. Abitur 11. Schichtarbeit
12. Lebenslauf 13. angestellt
14. Weiterbildung

E2c) 2. a) Sascha 3. e) Tessa 4. b) –
5. d) – 6. f) Werner

E2d) *richtige Reihenfolge:*
3. 10. 6. 2. 5. 9. 4. 8. 11. 1. 7.

E3

E3a)

Geburtstag:	3. Mai 1990
Geburtsort:	Nürnberg
Mutter:	Maria Meiske, Arzthelferin
Vater:	Jens Meiske, Berufsschullehrer
Schulbildung:	Pestalozzi-Grundschule, Nürnberg; Maria-Ward-Realschule, Nürnberg; Städtische Realschule, München
Schulabschluss:	Mittlere Reife
Berufsausbildung:	Ausbildung zur Bürokauffrau bei der Firma Struck, Gröbenzell
Praktikum:	Immobilienfirma Schroders & Co., London
Hobbys:	Ballett, Reisen

E3b) 2. e) / f) 3. k) 4. h) 5. a) / h) 6. g) / k) 7. f)
8. g) / k) 9. b) 10. i) 11. j)

F. Freizeit und Feiertage

F1

F1a) 1. Edith: *Poesie aus der Schweiz* im
   Literaturhaus
2. Barbara: *Luna's Best* im Kunstpark West
3. Inge: *Romantische Serenaden* in
   St. Matthias

F1b) *richtige Reihenfolge:* 7. 4. 10. 6. 13. 3. 12.
   1. 8. 11. 2. 9. 5.

F2

F2a) *Geburtstag:* die Kerzen, der Kuchen,
   die Geschenke
Halloween: der Kürbis, die Geister
Weihnachten: der Weihnachtsbaum,
   die Kerzen, die Geschenke
Neujahr: das Feuerwerk, der
   Champagner, das Kleeblatt,
   das Glücksschweinchen
Ostern: die bunten Eier, der Hase
Hochzeit: die Torte, der Brautstrauß,
   die Eheringe, die Geschenke
Nikolaustag: die Stiefel, der Sack, Äpfel
   und Nüsse

F2b)

formell	informell	
☒	☐	Sehr geehrter Herr Dr. Spiegel,
☐	☒	Hast du am Silvesterabend schon etwas vor?
☒	☐	Wir würden uns sehr freuen, wenn Sie kämen!
☒	☒	Dieses Jahr wollen wir in unserem neuen Haus ab 19 Uhr eine große Silvesterparty feiern.
☐	☒	Wir hoffen auf eine positive Antwort von dir!
☐	☒	Komm doch auch, wir würden uns so freuen!
☐	☒	Liebe Waltraud,
☒	☐	Mit freundlichen Grüßen
☒	☒	Es gibt ein leckeres Buffet, Musik und – wer möchte! – auch Tanz.
☐	☒	Herzliche Grüße
☒	☐	uAwg* bis 15.12.
☒	☒	Dazu möchten wir Sie herzlich einladen.
☐	☒	Bitte gib uns noch vor Weihnachten Bescheid, ob du kommen kannst, dann können wir lange genug planen.

* uAwg = um Antwort wird gebeten

F2c) 1. *informell:*

Liebe Waltraud,

hast du am Silvesterabend schon etwas vor?
Dieses Jahr wollen wir in unserem neuen
Haus ab 19 Uhr eine große Silvesterparty
feiern. Es gibt ein leckeres Buffet, Musik
und – wer möchte! – auch Tanz.
Komm doch auch, wir würden uns so freuen!
Bitte gib uns noch vor Weihnachten
Bescheid, ob du kommen kannst, dann
können wir lange genug planen.
Wir hoffen auf eine positive Antwort von dir!
Herzliche Grüße
Stefanie und Jens

2. *formell:*

Sehr geehrter Herr Dr. Spiegel,

dieses Jahr wollen wir in unserem neuen
Haus ab 19 Uhr eine große Silvesterparty
feiern. Dazu möchten wir Sie herzlich
einladen.
Es gibt ein leckeres Buffet, Musik und – wer
möchte! – auch Tanz. Wir würden uns sehr
freuen, wenn Sie kämen!
Mit freundlichen Grüßen
Stefanie und Jens Steinhauser
uAwg bis 15. 12.

F2d) 1. Lieber Jonas,
2. ich möchte dich herzlich zu meiner
Geburtstagsparty am 15. Juli um
18.30 Uhr einladen. / ich möchte dich
herzlich am 15. Juli um 18.30 Uhr zu
meiner Geburtstagsparty einladen.
3. Wir feiern in meiner Wohnung in der
Hansastraße 12 im II. Stock. / Wir feiern
in der Hansastraße 12 im II. Stock in
meiner Wohnung.
4. Ich organisiere ein Buffet und gute
Musik. / Ich organisiere gute Musik und
ein Buffet.
5. Bring viel gute Laune mit!
6. Ich freue mich auf dich.
7. Liebe Grüße

G. Fahren und Reisen

G1

G1a) *auf der Straße:* e Raststätte, e Ausfahrt,
e Notrufsäule, e Autobahn, e Einbahnstraße,
e Verkehrskontrolle, r Stau, e Baustelle,
r Unfall, e Umleitung

am Bahnhof: e Ankunft, e Abfahrt, s Gleis,
r Bahnsteig, r Fahrplan, r Schlafwagen,
r Liegewagen, r Fahrkartenschalter,
e Gepäckaufbewahrung, e Auskunft

am Flughafen: r Abflug, e Ankunft,
e Landung, e Passkontrolle, r Zoll,
r Ausgang, gelandet, im Anflug,
r Check-in-Schalter, s Handgepäck

G1b) 1. gelandet, im Anflug
2. Handgepäck, Check-in Schalter
3. Ausgang
4. Notrufsäule, Unfall
5. Baustelle, Umleitung
6. Stau
7. Raststätte
8. Bahnsteig
9. Fahrplan, Gleis
10. Liegewagen, Schlafwagen
11. Gepäckaufbewahrung

G1c) 1. Viele Leute wollen am Wochenende
einen Ausflug machen, deshalb gibt es
viel Verkehr.
2. Auf der A9 wird viel gebaut, deshalb kann
es dort Staus geben.
3. Man kann im Moment bei Fulda auf der
Autobahn gar nicht mehr fahren.
4. Man darf nicht überholen, weil ein
Autofahrer in der falschen Richtung fährt.
5. Bei einem Lastwagen ist ein Reifen
kaputt gegangen. Jetzt kann er nicht mehr
fahren.

G2

G2a) 1. –   2. d) Benjamin   3. b) Frau Maier
4. c) Ulrike   5. a) Herr Maier

G2b) *Lösungsvorschlag:*

1. Wie heißt der nächste Ort? / Wie ist der Name des nächsten Orts?
2. Wie viel kostet die Fischerhütte pro Woche?
3. Gibt es Strom und fließendes Wasser (in der Hütte)?
4. Gibt es einen Herd und eine Kaffeemaschine (in der Hütte)?
5. Sollen wir / Soll man Bettwäsche und Handtücher mitbringen?
6. Ist die Hütte vom 30.7. bis zum 14.8. frei? (...)

G2c) *Lösungsvorschlag:*

☺	☹
2. wunderbarer Blick über den See	1. nächstes Geschäft 10 km entfernt
3. Natur pur	2. kein Platz für fünf Personen
4. Küche und Bad sauber und ordentlich	3. Ruderboot alt und schlecht / kaputt
5. unvergesslicher Urlaub	

G3

G3a) *Reiseroute:*
Nürnberg (Burg, Stadtbummel)
Weimar (Goethe-Haus, Denkmal von Goethe und Schiller)
Berlin (Stadtrundfahrt, Museumsinsel, Ku'damm, Mauer, Fluchtmuseum am Checkpoint Charlie)
Rügen (Seebäder, Kreidefelsen)
Hamburg (Hafen)
Bremen; Düsseldorf (Boutiquen)
Köln (Dom, Schifffahrt bis Worms)
Worms; Bodensee

G3b) Liebe Renée,
ich bin jetzt in Konstanz am Bodensee. Hier erhole ich mich, denn die letzten drei Wochen bin ich durch ganz Deutschland gereist. Das war wunderbar und spannend, aber auch anstrengend.
Nächstes Jahr möchte ich noch einmal so eine Reise machen.

Möchtest du mich vielleicht begleiten? Wir könnten an die Nordsee oder in den Schwarzwald fahren!
Herzliche Grüße
Deine Veronika

H. Aus Zeitung und Buch

H1

H1a) 2. e) 3. a) 4. c) 5. f) 6. d)

H1b) *Der Brief einer Tierschützerin:*
Sehr geehrte Redaktion,
seit Wochen gibt es Versuche, die arme Kuh Yvonne wieder einzufangen.
Aber ich denke, wenn die Kuh in Freiheit leben möchte, dann darf sie das!
Ich frage Sie, warum hat eine Kuh denn kein Recht darauf, wie ein Reh oder ein Hase im Wald zu leben?
Die Tiere dürfen nicht nur Fleischproduzenten für die Menschen sein, denn sie haben auch Gefühle.
Also fordere ich: Freiheit für Yvonne!
Mit freundlichen Grüßen
Tilde Tierlieb

Der kritische Brief:
Sehr geehrte Redaktion,
ich kann diesen Yvonne-Zirkus nicht mehr hören und lesen!
Bleiben wir doch vernünftig: Yvonne ist einfach eine Kuh, die weggelaufen ist. Deshalb sollte man sie erschießen und essen!
Das ist das ganz normale Schicksal einer Kuh!
Aber plötzlich bekommt das Tier einen Charakter wie ein Mensch und soll eine romantische Sehnsucht nach Freiheit fühlen. Was für ein Unsinn! Der Grund für alles ist doch nur, dass die Zeitungen im Sommer nicht wissen, worüber sie schreiben sollen!
Mit freundlichen Grüßen
Jörg Jäger

H1c) 2. d) 3. f) 4. g) 5. e) 6. c) 7. a)

H2

H2a) Man sagt, dass Ludwigs Hobby das Theater war.
Ludwig war schon als Kind und Jugendlicher viel alleine.
Bayern hat gegen Preußen den Krieg verloren und musste dann in allen Entscheidungen Preußen folgen.
Die Politik hat Ludwig nicht sehr interessiert.
Ludwig lebte mehr in seinen Träumen als in der Realität.
Ludwig baute vier wunderbare Schlösser.
Die Schlösser waren so teuer, dass Ludwigs Minister den König nicht mehr gehorchten.
Sie erlaubten ihm nicht mehr zu regieren.
Er durfte Schloss Berg am Starnberger See nicht mehr verlassen.
Ludwig und sein Arzt sind im Starnberger See gestorben.

H2b) 1. Der Regisseur ist berühmt und sehr gut.
2. Es ist nicht so gut, denn es hat schwache Stellen.
3. Es werden Fragen gestellt, aber der Film gibt keine Antworten.
4. Es ist am Anfang spannend, aber dann wird es ein bisschen langweilig.
5. Die Filmmusik ist fantastisch.
6. Das Publikum hat viel erwartet, ist aber ein wenig enttäuscht.

H3

1.
die Blumen
auf dem Tisch
duften süß nach Sommer
ich lächle

2.
die Katze
jagt die Maus
durch das hohe Gras
tödliches Spiel

3.
der Ring
ist für dich
er soll dich fragen
willst du?

4.
weiße Segel
über dem Meer
wie gern wäre ich
da draußen